社区书系

社区工作者常用知识
百问百答系列图书

社区防骗知识百问百答

陈 慧 主编

SHEQU FANGPIAN ZHISHI
BAIWENBAIDA

华龄出版社
HUALING PRESS

图书在版编目(CIP)数据

社区防骗知识百问百答 / 陈慧主编. -- 北京 : 华龄出版社, 2021.12
ISBN 978-7-5169-2145-6

Ⅰ. ①社… Ⅱ. ①陈… Ⅲ. ①诈骗-鉴别-中国-问题解答 Ⅳ. ①D669.8-44

中国版本图书馆 CIP 数据核字(2021)第 267384 号

策　　划	社区部　善爱社工	**责任印制**	李未圻
责任编辑	薛 治　彭 博	**装帧设计**	唐韵设计

书　　名	社区防骗知识百问百答	**作　　者**	陈　慧
出　　版 **发　　行**	华龄出版社 HUALING PRESS		
社　　址	北京市东城区安定门外大街甲 57 号	**邮　　编**	100011
发　　行	(010)58122255	**传　　真**	(010)84049572
承　　印	三河市腾飞印务有限公司		
版　　次	2022 年 3 月第 1 版	**印　　次**	2022 年 3 月第 1 次印刷
规　　格	710mm × 1000mm	**开　　本**	1/16
印　　张	12	**字　　数**	130 千字
书　　号	ISBN 978-7-5169-2145-6		
定　　价	48.00 元		

“社区工作者常用知识百问百答系列图书”
编委会

为社会基层治理服务，打造社区所需的精品图书
——华龄出版社“社区书系”倾情奉献

“社区书系”是为适应新时代基层社会治理需要，深入贯彻党的十九届四中全会、五中全会关于“构建基层社会治理新格局”“社会治理特别是基层治理水平明显提高”的重要部署，落实习近平总书记关于“建立一支素质优良的专业化社区工作者队伍”的指示要求而策划编写的，旨在为社区工作人员提供系统的社区工作理论和方法指导，提高社区工作者的理论素养和工作能力，推进社区治理体系与治理能力现代化。

“社区书系”是一个融图书、视频、服务为一体的新型复合出版工程，内容体系包括三个方面：

纸质图书　通过纸质图书阅读，为社区工作者提供系统的理论和方法指导。

线上课程　通过视频课程、网络直播课程，深化重点知识，解读难点知识。

专家服务　通过线下培训、现场诊断等，解决社区工作中存在的问题症结。

华龄出版社是中国老龄协会主管主办的中央部委出版社，为出版“社区书系”专门成立了“社区部”，全面统筹谋划出版。“社区书系”计划出版图书 200 种，覆盖社区工作各个方面，现面向全国诚邀熟悉社区工作的专家、学者加盟“社区书系”出版计划，一起为中国社区的发展繁荣出一份力！

社区视频培训讲座

前言

社区是城市建设的重要组成部分，也是广大居民群众生活的地方。2020年，习近平总书记在吉林考察时强调，推进国家治理体系和治理能力现代化，社区治理只能加强、不能削弱。社区工作人员在社区治理中直面人民群众，需要时刻联系广大社区居民，协助党和政府做好社区的各种管理与服务。可以说，社区工作人员素质的高低，将决定我国未来社会治理水平的高低。

由于社区工作涉及领域十分广泛，工作任务繁杂琐碎，社区工作者需要了解和掌握很多领域的知识，熟悉一系列最新的政策、法规，掌握一系列行之有效的工作流程、方法，才能够胜任新时代的社区工作。当前，相关领域知识的欠缺、工作能力的不足是很多社区工作者存在的主要问题，缺少高素质的社区工作人员队伍是社区治理现代化面临的重要问题。正是基于这样的分析判断，华龄出版社为了助力建设美好社区，解决当前和今后一个时期社区工作者的迫切需求，提高社区工作者的知识素养和工作能力，推进社区治理能力和治理水平现代化，特别成立了“社区部”，推出了“社区书系”中的一个分系：社区工作者常用知识百问百答系列图书。

该系列图书选取了社区工作非常重要的十个领域——平安建设、政策法律宣传、未成年人教育保护、社会救助、突发事件处理、邻里关系处理、社区养老、婚姻家庭、居民防骗、公益慈善，从每个领域中精选出100

多个常见的问题，以问答的形式呈现出来，并进行科学的分类，便于社区工作者学习参考，学有所用，工作起来更加得心应手。

“社区工作者常用知识百问百答系列图书”有以下几个特点：

1. 内容丰富，知识全面

内容涉及平安建设、政策法律宣传、未成年人教育保护、社会救助、突发事件处理等十大社区工作的重要领域，涵盖了这些领域的一般常识和重要知识。这些知识都是社区工作者需要了解和掌握的。

2. 体例新颖，分类科学

将重要的知识点以问答形式呈现出来，并按照细分工作领域和知识类型将这些问题进行了细致的分类，帮助读者梳理和建构知识架构；还设置有“知识链接”环节，进一步拓宽知识面，帮助读者加深了解和掌握。

3. 专家团队，倾力打造

本系列图书由著名社会学家陈慧教授领衔主编，众多社会学专家、学者、资深图书编辑组成了庞大的编写团队，确保图书内容权威、理念先进、思想前卫，切中了当前社区工作中的问题和广大社区工作者的迫切需求。

4. 通俗易懂，实用性强

图书语言通俗易懂，内容深入浅出，学习阅读毫无压力。书中引用了大量最新的政策、法规，不光有知识理论，还有丰富的案例和工作方法指导，具有很强的实用性，对新时代社区工作具有很强的指导作用。

本系列图书融知识性、可读性和实用性于一体，是一套便于社区工作者进行知识查阅、指导社区工作者做好社区工作的必备工具书，有助于提高社区工作者的知识素养和能力水平。由于时间和能力有限，书中难免存在不足之处，敬请广大读者批评指正。

编　者

目 录

第一章　防范诈骗，共建平安社区

1. 什么是诈骗?

诈骗是指以非法占有为目的,用虚构事实或者隐瞒真相的方法,骗取款额较大的公私财物的行为。尽管骗子形形色色,骗术多种多样,在任何时候、任何场合,骗子都是以“善良、可爱、救世主”的面目出现的。他们通过捏造不存在的事实,或掩盖客观存在的某种事实真相,蒙蔽受害人,骗取其信任,使其产生错觉,“自愿”地交出钱财。这种财物的交付,可能是当场进行,也可能是事后进行,甚至二者相隔千万里,素未谋面。这也是诈骗与盗窃、抢劫等其他侵犯财产犯罪的基本区别。

知识链接

2021 年 7 月 14 日,反诈预警短信 12381 正式上线,首次实现了对潜在涉诈受害用户进行短信实时预警。该系统可根据公安机关提供的涉案号码,利用大数据、人工智能等技术自动分析发现潜在受害用户。如果收到来自 12381 的短信,请保持高度警惕。

2. 诈骗有哪些类型?

诈骗的类型多种多样,诈骗的手段层出不穷,按平常生活领域分类,有电信诈骗、网络诈骗、街头诈骗、各种商业诈骗、消费诈骗、求职诈骗、校园诈骗,等等。

如果按刑法中的诈骗罪分类,具体种类有合同诈骗罪、票据诈骗罪、贷款诈骗罪、信用卡诈骗罪、信用证诈骗罪、金融凭证诈骗罪、集资诈骗罪、有价证券诈骗罪、保险诈骗罪、招摇撞骗罪。

知识链接

庞氏骗局是对金融领域投资诈骗的称呼,是金字塔骗局的始祖。在中国庞氏骗局又称"拆东墙补西墙"或"空手套白狼"。简而言之,就是利用新投资人的钱来向老投资者支付利息和短期回报,以制造赚钱的假象,进而骗取更多的投资。很多非法的传销集团就是用这一招聚敛钱财的。

3. 现代诈骗有哪些特点?

(1)类型众多,手段繁杂,案件数量居高不下,个案损失较大。

(2)外地人员流窜作案比例高,许多地方占90%以上,跨境、跨国诈骗案件也日益增多。

(3)借助现代科技,电信、网络诈骗案件大幅度增长,犯罪成本降低,隐蔽性、欺骗性更强。

(4)犯罪活动向智能化、组织化、集团化方向发展。作案手段不断更新、升级,团伙内部分工明确,有很多形成了"一条龙"式的作案链条。

知识链接

诈骗的主要形式有以下几种：

(1)熟人诈骗

借关系进行诈骗，此类骗子往往是冒名顶替或以老乡、朋友的身份进行诈骗的。而受害人往往碍于面子或出于“热心肠”，上当受骗。

(2)中介诈骗

借中介之名进行诈骗，当前，此类诈骗案件有上升的趋势。

(3)特殊身份诈骗

此类骗子多以“能人”的名义进行诈骗，如谎称自己是导演、公安人员、气功大师、医生等，对找工作等难办的事表示“完全有能力”解决。

(4)以“帮助”为名诈骗

以遇到某种祸害急需别人帮助为由进行诈骗，从近几年来看，此类骗子多以走失或财物丢失的学生、灾区群众、落难者等名义进行诈骗。

(5)利诱诈骗

以小利益取信，进行诈骗之实。此类骗子极为狡猾，采取“欲擒故纵”的方法，先以曾许诺的利益予以兑现，让你感到此人所做的事可信，待取得你的信任后，就狠狠地敲你一把。

4. 社区防骗与平安建设有什么关系?

平安建设作为新形势下加强社会治安综合治理工作的新举措，是构建社会主义和谐社会、促进经济社会协调发展的保障工程，是维护广大人民群众根本利益、为人民群众所期盼的民心工程，是提高党的执政能力、巩固党的执政地位的基础工程。防骗是平安建设中十分重要的一项工作。防骗工作要下基层、进社区,将防骗工作落实到“最后一公里”,筑牢社区“安全网”。在特色社会主义建设的新时期里,社区防骗与平安建设有着密不可分的关系。

知识链接

2020 年以来,公安部党委认真贯彻落实习近平总书记重要指示精神,依托国务院打击治理电信网络新型违法犯罪工作部际联席会议,会同相关部门开展新一轮打击治理行动。共破获电信网络诈骗案件 32.2 万起,抓获犯罪嫌疑人 36.1 万名,同比分别上升 60.8%、121.2%,拦截诈骗电话 1.4 亿次、诈骗短信 6.9 亿条,为群众直接避免经济损失 2045 亿元,利用 96110 反诈预警专号,防止 1030 万名群众被骗。

5. 社区工作者在社区防骗工作中的职责是什么?

社区工作者,是指经过一定选拔程序被各街镇社区工作者服务站录用的,并在以自然居住小区为基本服务区域,为居住在小区内的各类人群提供各类公共服务(协同治理)与其他公益服务的专职工作人员。在社区防骗中,社区工作者主要负责防骗技巧和政策的宣讲,防骗活动的组织开展,协同民警处理社区诈骗案件,服务帮助受害者等相关工作。

知识链接

社区工作者要协助政府及有关部门做好与社区居民利益相关的社会治安、公共卫生、社会保障、就业服务、帮扶救助等工作,其工作涉及范围广,在社会发展中不可或缺。近两年,打击电信网络诈骗所取得的成效,离不开身处基层的社区工作者。政策落实,防骗知识讲解,配合民警的反诈工作等各方面都离不开社区工作者的身影。

6. 什么是电信诈骗？

电信诈骗属于“非接触性”诈骗。骗子通过群发手机短信、拨打电话，以种种虚构的谎言为由头，花言巧语骗取事主的信任，将金钱打款或转账其指定的银行账户，诈骗钱财。电信诈骗的特点如下：

(1)骗子以团伙居多，内部分工严密，各负其责，有的购买手机、电话卡，有的开设银行账户，有的群发手机短信、拨打电话，有的专门从 ATM 机提款，得手后立即隐藏，“只听其音，不见其人”，具有很强的隐蔽性。

(2)越来越多的骗子使用“群发软件”等专用工具，能够在极短的时间内向大量的手机号段发送违法信息，或群拨电话，“广种薄收”，具有侵害的快捷性和广泛性。

(3)使用异地手机号码发送手机违法短信，而且发送短信、开设银行账户、取款，这几个环节通常在多地实施，区域分布广泛。骗子大多使用伪造的或他人的身份证，并利用银行开户手续的简便和存取款全国通存通兑的便利，跨省、市支取、划拨资金，给侦破和追赃工作带来很大困难。

(4)一些骗子将异地的手机号码与案发地的一号通号码捆绑起来，令事主误以为是本地的室内固定电话，从而容易放松警惕。

(5)广泛使用网络电话或“任意显号”软件，掩盖真实号码，并在来电显示中虚假显示“110”“10000”“95599”等特殊号码，加以伪装，往往使事主难以识别。同时，手机违法短信的内容越来越具有诱惑性。更有甚者，作案人冒充公安司法机关和金融部门，利用这些单位的公信力进行诈骗，具有更强的欺骗性。

知识链接

2016年12月20日,最高人民法院、最高人民检察院、公安部三部门联合发布《关于办理电信网络诈骗等刑事案件适用法律若干问题的意见》再度明确,利用电信网络技术手段实施诈骗,诈骗公私财物价值3000元以上的可判刑,诈骗公私财物价值50万元以上的,最高可判无期徒刑。

电信诈骗侵害的群体具有很广泛的特点,而且是非特定的,采取漫天撒网,在某一段时间内集中向某一个号段、某一个地区拨打电话或者发送短信,受害者包括社会各个阶层,既有普通民众也有企业老板、公务员、学校老师,各行各业都有可能成为电信诈骗的受害者,波及面很广、社会影响很恶劣。一些诈骗的针对性比较强。比如像汽车退税诈骗,受骗的主要是一些有车族。还有一些突出的像冒充电信人员、公安人员的诈骗,诈骗者往往选择白天拨打电话,白天年轻人都上班了,家里老年人比较多,其抓住老年人信息比较闭塞,容易受骗的情况实施作案。

7. 什么是网络诈骗?

网络诈骗同电信诈骗一样,也属于“非接触性”诈骗。网络诈骗是指以非法占有为目的,利用互联网采用虚构事实或者隐瞒真相的方法,骗取数额较大的公私财物的行为。网络诈骗具有如下特点:

(1)作案方法简单,犯罪成本低廉

由于网络发达,诈骗分子只要具备一定的计算机知识,就可以利用形形色色的软件和程序,简单快捷地完成虚构事实并实施诈骗。例如,通过制作一些极具有诱惑的网站或网页信息,并通某些软件和程序大范围地发布出去,诱惑他人上当受骗。

(2)作案手段隐蔽,打击处理困难

由于网络诈骗发生在虚拟世界中,使得其手法很难识破,并具有迅捷、广泛的传播特点。诈骗分子常常采用假身份证注册银行卡,异地接收汇款,采用专用作案手机,网络注册名称不一,且移动上网、流窜作案等方式进行网络诈骗,诈骗得手后销毁相关网上证据、消失迅速、难寻踪迹。还可以注册另一虚拟身份信息重操旧业。

(3)行骗面广,异地行骗

互联网的出现和迅猛发展,为人类构建起一个快捷、便利的虚拟世界。诈骗分子一般采取广泛撒网的方式,只要少数人上钩就达到了目的。受害人上钩后,诈骗分子便设连环套,层层诈骗。由于互联网无边界的特性,诈骗分子往往选择异地行骗,受害人上钩后一般不会直接到异地找行骗人。即使到公安机关报案,公安机关办理异地案件的周期也较长,这就是诈骗分子选择异地行骗的缘故。

知识链接

目前,我国网络诈骗的受害者低龄化趋势越来越明显,00后受害者越来越多。虽然他们接触网络时间较早,网络知识也相对丰富,但防骗意识严重不足,已逐渐成为不法分子眼中的“肥肉”。此外,不法分子常常利用各种00后偏好的游戏平台、虚拟商品交易平台、直播平台等进行诈骗,这也导致防范意识较低的00后更容易落入陷阱。

8. 什么是街头诈骗？

所谓街头诈骗，是指发生在街面、商场等公共区域，针对不特定受害人所实施的以非法手段骗取群众钱财的诈骗活动。这类案件中诈骗人员往往与受害人互不相识，在某一街区路段“偶然”相遇，进而发生钱物关系并最终导致被害人上当受骗。街头诈骗的特点如下：

（1）结伙作案，分工配合

从团伙构成来看，一般诈骗活动人员至少在 2 人以上，多为同一个地区人员结合，并且都能言善辩，团伙组织严密，分工明确，具有职业化犯罪的倾向。

（2）精心策划，组织严密

诈骗分子在目标选择上一般都有一定的标准，按标准选择；对作案地点，一般选择在交通便利的居民小区、街道和市场、金融网点附近，以求事主方便提取现金；在时间上看，随机性比较大，但大多选择居民外出较为集中的上午。诈骗分子的作案流程事前都是经过精心设计的，从开始接触事主的每一环、每一步，都为下一步作案和伪装掩饰做好了铺垫，然后通过各种道具或一系列同伙的登场表演，骗取事主的充分信任。

（3）流窜作案，随机性大

随着经济的发展，交通的发达，诈骗分子流动作案随之增多，“打一枪换一个地方”，得手后便迅速离开。

（4）作案手段复杂多变

诈骗分子之所以能够屡屡得逞，与其一整套的诈骗程序和行骗手段是密不可分的，作案过程环环紧扣，有序进行，诱惑被害人在不知不觉中上当受骗。

知识链接

街头骗子大都具有以下特点：

(1)善于巧言令色

他们具有能言善辩的本领，能编造出难以识破的谎言；同时，他们常常为你描绘出种种激动人心的美好前景，并表现出一种高尚的姿态。

(2)善于表现自己

他们常常在人们面前吹得天花乱坠，显示自己见多识广，似乎既知天文地理，又晓民俗风情，没有他们不知晓的事情，从而使你在心理上不知不觉地对他们产生信任感，放下戒备心理。

(3)善于利用对方的心理弱点

他们在和你的接触中善于察言观色，揣摩你的心理，并利用你的心理弱点达到其罪恶的目的。

(4)善于物色诈骗对象

无数诈骗事实表明，那些贪图小利、急于发财的人，常常是诈骗者猎取的对象。

(5)善于掌握行骗时机

他们善于把握分寸，控制行骗的节奏。当人们害怕丧失机遇，不愿花费精力去辨别真伪时，行骗即水到渠成。

9. 什么是商业诈骗？

商业诈骗是指在市场交易、投资、服务过程中，通过虚构隐瞒事实、发布虚假信息、签订虚假合同以及夸大宣传等手段，误导、欺骗单位和个人，骗取钱财和各种物质利益，破坏市场经济秩序，损害人民群众合法权益的行为，是违背诚实信用原则，以牟取利益为目的，以欺骗为手段的不正当竞争行为。

从法律上讲，商业诈骗是一方当事人故意告知对方虚假情况，或故意隐瞒真实情况，诱使对方当事人做出错误的表示。通俗地说，就是用虚假的情况引诱对方做出错误的判断。

商业诈骗的主要特征有：

（1）欺骗性强

商业诈骗往往披着合法的外衣，欺骗性很强。商业诈骗的主体一般都是经过注册的公司法人，经营形式上合法的业务，甚至还办理了工商执照、税务登记、司法公证等。由于欺诈者披着合法的外衣，因此欺骗性较强，致使很多人受骗。

（2）危害性大

商业诈骗往往在骗局即将败露或达到预定欺诈目标的临界点时，诈骗者便会携款逃之夭夭。因此，受骗的损失很难通过司法途径得到补偿，严重侵害了社会公众的利益，有的甚至倾家荡产，引发了很多群体性事件，社会影响恶劣。因此，商业诈骗扰乱了市场经济秩序，扭曲了市场对资源的正常配置，导致市场信号失灵，宏观调控难度加大，社会交易成本上升，造成了大量的经济损失。据统计，中国每年因制假售假等各种商业欺诈行为对国民经济造成的损失占国内生产总值的5%左右。

知识链接

从商业诈骗的概念、构成要件和特点来看，中国商业促销中存在的商业欺诈行为形式各样，具体表现形式有：

（1）销售掺杂、掺假，以假充真，以次充好的商品。

（2）采取虚假或者其他不正当手段使商品分量不足的。

（3）销售“处理品”“残次品”“等次品”等商品而谎称是正品的。

（4）以虚的“清仓价”“甩卖价”“最低价”“优惠价”或者其他欺诈性

价格表示销售商品的。

(5)不以自己的真实名称和标记销售商品的。

(6)采取雇用他人等方式进行欺骗性的销售诱导的。

(7)作虚假的现场演示和说明的。

(8)利用广播、电视、电影、报刊等大众传播媒介对商品作虚假宣传的。

(9)骗取消费者预付款的。

(10)利用邮购销售骗取价款，提供或者不按照约定条件提供商品的。

(11)以虚假的“有奖销售”“还本销售”等方式销售商品的。

(12)其他虚假或者是不正当手段欺诈消费者的。

10. 诈骗罪的主客观条件有哪些?

(1)主观条件

本罪主体是一般主体，凡达到法定刑事责任年龄、具有刑事责任能力的自然人均能构成本罪。本罪在主观方面表现为直接故意，并且具有非法占有公私财物的目的。

(2)客观条件

本罪侵犯的客体是公私财物所有权。有些犯罪活动，虽然也使用某些欺骗手段，甚至也追求某些非法经济利益，但因其侵犯的客体不是或者不限于公私财产所有权，所以，不构成诈骗罪。例如：拐卖妇女、儿童的，属于侵犯人身权利罪。

本罪往往客观上表现为使用欺诈方法骗取数额较大的公私财物。行为人实施了欺诈行为，欺诈行为从形式上说有两类，一是虚构事实，二是隐瞒真相；从实质上说是使被害人陷入错误认识的行为。欺诈行为的内容是,在具体状况下,使被害人产生错误认识,并作出行为人所希望的财产处分,因此,不管是虚构、隐瞒过去的事实,只要具有上述内容的,就是一种欺诈行为。如果欺诈内容不是使他们作出财产处分的,则不是诈骗罪的欺诈行为。

欺诈行为必须达到使一般人能够产生错误认识的程度,对自己出卖的商品进行夸张,没有超出社会容忍范围的,不是欺诈行为。欺诈行为的手段、方法没有限制,既可以是语言欺诈,也可以是动作欺诈;欺诈行为本身既可以是作为,也可以是不作为,即有告知某种事实的义务,但不履行这种义务,使对方陷入错误认识或者继续陷入错误认识,行为人利用这种认识错误取得财产的,也是欺诈行为。

知识链接

欺诈行为使对方产生错误认识。对方产生错误认识是行为人的欺诈行为所致,即使对方在判断上有一定的错误,也不妨碍欺诈行为的成立。在欺诈行为与对方处分财产之间,必须介入对方的错误认识。如果对方不是因欺诈行为产生错误认识而处分财产,就不成立诈骗罪。

欺诈行为的对方只要求是具有处分财产的权限或者地位的人,不要求一定是财物的所有人或占有人。行为人以提起民事诉讼为手段,提供虚假的陈述、提出虚伪的证据,使法院作出有利于自己的判决,从而获得财产的行为,称为诉讼欺诈,成立诈骗罪。

11.诈骗罪是怎样认定的?

诈骗的认定如下:

(1)诈骗罪侵犯的客体是公私财物所有权。诈骗罪侵犯的对象,仅限于国家、集体或个人的财物,而不是骗取其他非法利益。

(2)诈骗罪在客观上表现为使用欺诈方法骗取数额较大的公私财物。欺诈行为的手段、方法没有限制,既可以是语言欺诈,也可以是动作欺诈。诈骗罪并不限于骗取有体物,还包括骗取无形物与财产性利益。

(3)诈骗罪主体是一般主体,凡达到法定刑事责任年龄、具有刑事责任能力的自然人均能构成本罪。

(4)诈骗罪在主观方面表现为直接故意,并且具有非法占有公私财物的目的。

总而言之,主观上有犯罪故意,还要实施了一定的行为,并且诈骗的数额要达到一定的数目,才能构成诈骗罪。

知识链接

诈骗罪是指以非法占有为目的,用虚构事实或者隐瞒真相的方法,骗取数额较大的公私财物的行为。通常认为,该罪的基本构造为:行为人以不法所有为目的实施欺诈行为→被害人产生错误认识→被害人基于错误认识处分财产→行为人取得财产→被害人受到财产上的损失。

12. 诈骗罪的处罚标准是什么?

诈骗罪的具体处罚如下：

(1)犯本罪的,处三年以下有期徒刑、拘役或者管制,并处或者单处罚金。

(2)数额巨大或者有其他严重情节的,处三年以上十年以下有期徒刑,并处罚金。

(3)数额特别巨大或者有其他特别严重情节的,处十年以上有期徒刑或者无期徒刑,并处罚金或者没收财产。

根据《最高人民法院关于审理诈骗案件具体应用法律的若干问题的解释》的规定,个人诈骗公私财物 20 万元以上的,属于诈骗数额特别巨大。诈骗数额特别巨大是认定诈骗犯罪"情节特别严重"的一个重要内容,但不是唯一情节。诈骗数额在 10 万元以上,又具有下列情形之一的,也应认定为"情节特别严重"：

(1)诈骗集团的首要分子或者共同诈骗犯罪中情节严重的主犯。

(2)惯犯或者流窜作案危害严重的。

(3)诈骗法人、其他组织或者个人急需的生产资料,严重影响生产或者造成其他严重损失的。

(4)诈骗救灾、抢险、防汛、优抚、救济、医疗款物,造成严重后果的。

(5)挥霍诈骗的财物,致使诈骗的财物无法返还的。

(6)使用诈骗的财物进行违法犯罪活动的。

(7)曾因诈骗受过刑事处罚的。

(8)导致被害人死亡、精神失常或者其他严重后果的。

(9)具有其他严重情节的。

知识链接

利用发送短信、拨打电话、互联网等电信技术手段对不特定多数人实施诈骗，诈骗数额难以查证，但具有下列情形之一的，应当认定为“其他严重情节”，以诈骗罪（未遂）定罪处罚：发送诈骗信息五千条以上的；拨打诈骗电话五百人次以上的；诈骗手段恶劣、危害严重的。

13. 哪些人容易上当受骗？

虽然诈骗的形式是多种多样的，但都有一些共同的特征，只要把握这些特征予以防范，是可以避免自己误入歧途、落入圈套的。更何况很多骗子的手段并不见得很高明，受骗的主要原因还是出于受害人本身。一般说来，受害人具有不良或幼稚的心理意识，是诈骗分子之所以能轻易得手的关键。通常，下面几种不良心理意识易被诈骗分子利用：

（1）贪财心理

这类人相信“天上掉馅饼”。在骗子所设的骗局中，明明有很多蹊跷的事，只因贪财心切，便顾不上怀疑，反正“不要白不要”。骗子说什么，他们就信什么；骗子让干什么，他们就去干什么。

（2）盲目从众心理

这类人容易盲从别人。当见到“抢购”“赌博赢钱”等场面时，便产生一种唯恐自己买不到、赢不到就会吃亏的心理，不知不觉地在“托儿”的引导下上钩碰运气，结果中计受骗。

（3）要面子或害怕的心理

之所以会有这种心理，一是因为顾面子，害怕受批评、被笑话，虽被骗了，也不愿或不敢承认；二是不懂法律，禁不住骗子简单的甚至是荒唐的威吓,一听到“办案”“洗钱”“欺诈”等词汇,就六神无主,连忙投降交“钱”。骗子往往抓住具有这些心理的事主,肆无忌惮地行骗。

(4)自以为是的心理

有些事主,尤其是老年人,往往头脑简单,自以为是,花大钱也不与家人沟通商量。在很多骗局中,骗子就选择具有这种心理弱点的人为侵害对象,骗走他们一生的积蓄。

(5)急于赚大钱的心理

某些骗子常常利用人们急于赚大钱的心理弱点,采用以假乱真、以次充好、低报商品价格、给回扣提成等伎俩,引诱事主上钩。

(6)封建迷信的心理

某些事主存在严重的封建迷信的心理弱点。骗子往往假借看风水、算命看卦,或假冒巫医等,进行恫吓诈骗。

(7)盲目怜悯他人的心理

一些骗子以心地善良的人为目标进行诈骗活动。须提醒大家的是,不能缺乏防骗意识,遇事要冷静分析,辨别真伪。对骗子要提高警惕,丝毫不能怜悯。

(8)花钱通神的心理

有些人想要解决某件事,不顾客观实际如何,总想不惜一切代价托关系、走后门,盲目去办,有这种心态的人极易被骗子利用。

(9)以貌取人的心理

以人的外貌、行头等判断其品质、能力和行为的好坏优劣。殊不知,骗子的打扮无论入时还是寒碜,只不过是演戏而已,以此作为隐身术,专找以貌取人的人坑骗钱财。

(10)轻信他人的心理

遇上突如其来的不知底细的“能人”“名人”时,缺少戒备之心,盲目相信和崇拜,导致上当受骗。

知识链接

诈骗分子行骗的过程一般可分为两个阶段：一是博得信任；二是骗取对方财物。对于行骗者和受害者来说，第一阶段都是最重要的，也是行骗者行为表现得最为突出的阶段。虽然行骗手段多种多样，但只要我们树立较强的反诈骗意识，克服内心的一些不良心理，保持应有的清醒，做到“三思而后行，三查而后行”，在绝大多数情况下是可以避免上当受骗的。

14. 社区线下防骗宣传活动怎样开展？

为进一步落实反诈骗宣传工作，有效提升辖区居民反诈防诈防范意识和防范能力。社区工作人员应向居民发放网络诈骗、网购诈骗、集资诈骗等防诈骗宣传材料，详细讲解常见防范手段，提醒群众提高安全防范意识，确保财产安全。结合近期辖区诈骗实例，从诈骗案的现状、各类骗术的特点、受骗的原因及防范注意事项等，对反诈骗进行深入宣传，加深居民对诈骗手段的印象，提高防范意识。还可以在社区中安装防诈骗语音宣传系统，每天定时定点播放已录制好的防诈骗语音，对市民起到一个反复强调作用。

社区网格员要深入辖区，去人员密集场所发放反诈宣传资料，为居民讲解反诈小课堂案例，提醒群众不要在网上透露个人信息、不点开不明链接、不要轻信陌生人的电话和短信，注意防范犯罪分子可能利用电话、网络等诱骗群众进行银行卡转账，骗取钱财，遇到可疑情况及时拨打报警电话，以免遭受不法侵害。

知识链接

防诈骗语音宣传系统具有红外感应功能，当人经过就会播放特定的反诈骗的语音内容，以此提示市民，小心防范，提高警惕。语音内容可以根据不同的应用场合，设置不同的提醒语，并且具有定时功能，以免打扰市民休息。

与时俱进，守护百姓财产安全，一直是公安反诈部门思考的问题。借助反诈骗语音宣传设备，通过语音宣传形式，能够第一时间将最新的诈骗手段和防范知识传递到群众中，以此进一步增强群众防范意识，减少此类事情的发生。

15. 社区线上防骗宣传活动怎样开展？

为提高社区居民反诈骗能力和防范意识，不仅要经常进行线下防骗宣传活动，线上的防骗宣传活动也不能放松。社区工作者要借助网格微信群、QQ 群，通过单聊、群聊的方式，线上为群众解答遇到的各类虚假信息、诈骗问题，并提供防骗识骗咨询服务，根据群众的职业特点分类进行精准反诈宣传，还要定期发送近期发生的诈骗案例，结合案例讲解防骗技巧，鼓励并指导居民下载“国家反诈中心”App，最大限度减少群众损失，让群众感受到满满的安全感。除此之外，还可以开展线上防骗知识竞答活动，参与竞答并得高分的居民可以领取相应奖品，提高居民学习防骗知识的积极性。

知识链接

“国家反诈中心”App 是一款具备诈骗预警、快速举报诈骗功能的软件，软件里面还有丰富的防诈骗知识，通过学习里面的知识可以有效避免各种网络诈骗的发生，提高每个用户的防骗能力，还可以随时向平台举报各种诈骗信息，减少不必要的财产损失。这是一款帮助用户预警诈骗信息，快速举报诈骗内容，提升防范意识的反电信诈骗应用软件。

16. 防骗的基本策略有哪些？

（1）家庭情况不外泄

秘密即财富。不向陌生人员泄露家庭成员的姓名、年龄、工作单位、就读学校、健康状况、社会关系、手机号码、账号、密码等信息，防止被骗子利用。

（2）飞来横财不动心

摒弃贪小便宜、不劳而获的思想杂念，在突如其来的物质诱惑面前，保持清醒的头脑和平常心态，防止钻入骗子设置的圈套。不要相信天上掉馅饼，须知天下没有免费的午餐。世上没有救世主，没有无缘无故的施舍。若有人企图坐享其成，最终往往会偷鸡不成蚀把米。

（3）迷信活动不参与

人的命运，主要靠自己来谋划和经营；人的许多灾祸，可以通过防范来规避。即便是“算命大师”，也不能预测自己的未来与凶险，更不能自救，为自己的窘况“作法”“破解”，又岂能救人，帮他人“除病消灾”？

（4）偶遇路人不轻信

无论虚拟世界，还是现实社会，萍水相逢，不知根底，心不可鉴。即使对方是你的亲姨亲舅，面对眉飞色舞、不太靠谱的非分诱惑，也要三思而行。

(5)陌生来电不理睬

不要轻信来历不明的电话或手机短信。假如你没有洗钱,没有恶意欠费,没有违法犯罪,你就能镇静自若,身正不怕影子斜,何必害怕;假如你没有参与有奖活动,你当淡定待之,会心一笑,何必相信……“假如”的情况太多,总之,面对陌生来电与短信,唯一正确的方法是不理睬,不纠缠,不轻信。

(6)汇款操作不盲目

不向不能确认的人和账户汇款。想清楚盲目汇款的后果,汇款前多问几个为什么,多与家人或朋友商量,多作具体核实,疑惑之时亦可拨打“110”咨询。

(7)老年朋友不当家

心理学表明,老年人由于脑功能下降,记忆力、感觉、智力等不同程度地减退。这是老年人在日常生活中被骗比例较高的重要原因。老年人要避免被骗,最好不持家,不理财,不决策,遇事与子女商量。同时,子女也要时常提醒老人,防止被骗子哄骗。

知识链接

诈骗分子的最终目的是骗取钱财,并且是在尽可能短的时间内骗走。因此,对于表面上讲“感情”“哥们义气”的诈骗分子(特别是新认识的“朋友”“老乡”、遭受不幸的“落难者”),若对你提出钱财方面的要求,切不可被感情的表象所蒙蔽,不要一味“跟着感觉走”而缺乏理智,要学会“听、观、辨”,即听其言、观其色、辨其行,要懂得用理智去分析问题。最好能对比一下在常理下应作出的反应,如认为对方的钱财要求不合实际或超乎常理时,应及时向社区居委会、公安机关反映,以避免不应有的损失。

17. 社区工作者应该怎样协同民警开展社区防骗工作？

为高效落实防骗工作，每个社区都应该建立一个反诈中心或组织一个防骗工作小组，以更好宣传防骗知识。防骗工作小组中的社区工作者是连接社区居民与辖区民警的最好桥梁，相较于社区工作者，民警对防骗知识的宣传更加深刻，对反诈能力的传授更加专业，因此，由辖区民警向社区居民进行防骗宣传更加合适。社区工作者要协助民警，引导他们到社区居民集中的地方进行宣传，到容易受骗的群体中去针对性讲解，比如老人、家庭主妇。同时，社区工作者也应该向民警多多学习反诈防骗知识，方便日后更好地开展工作。

知识链接

自从反诈防骗工作的全面实施以来，许多街道或社区都举行了大大小小的警民恳谈会。警民恳谈会邀请社区相关负责人、居民代表与社区民警共聚。社区民警针对电信诈骗、居家消防、人身财产安全等问题，为辖区居民讲述相关常识和案例，传授防骗反诈经验，回顾社区近期的治安情况，民警还对居民代表和社区工作者的一系列问题进行了针对性回答。警民恳谈会既是居民了解防骗知识和社区治安状况的重要途径，又是社区工作者自我学习的路径。社区工作者要秉承“防诈反诈，人人有责”的原则，为辖区居民做好普及宣传，帮助居民提升防骗意识，通过相关工作的开展，实现人人识诈、人人反诈、人人受益。

18. 社区工作者应该怎样处理社区诈骗事件?

当社区居民遭遇诈骗事件时,社区工作者要紧急劝阻,以最快速度防骗止损,同时迅速报警。如果当事人的电话打不通,就立即上门找到其本人进行劝阻。如果找不到本人,社区工作人员要赶紧到其他地方寻找,或者发动他的亲戚朋友共同寻找,直至找到本人并成功劝阻。成功劝阻后,要让当事人填写反诈知识问卷,并向他讲解受骗原因与防范知识,直到他弄懂弄通。

如果未能成功或及时劝阻居民被骗,要对受害者进行必要的心理疏导,让受害人详细地说出被骗的过程和一切相关信息,以协助民警侦破案件。事后,要经常对受害者进行上门走访,告知他案件最新的调查进展,进一步向他讲解反诈防骗知识,以防其再次受骗。

知识链接

社区工作者是处理社区诈骗事件的一线人员,直接决定事件的最终结果。所以社区工作者的反应一定要迅速,加之社区工作者对社区和社区居民的了解,理应做出合适的判断和处理。社区工作者处理社区诈骗事件的基本原则和步骤包括:①及时回应;②调查核实;③实施补救措施;④汇报情况;⑤总结预防。

19. 怎样制定社区防骗活动方案？

(1)确定活动主题,比如防电信诈骗,保财产安全。

(2)确定活动口号,比如电信诈骗,非常普遍,合理预防,杜绝上当。

(3)选定一个活动背景,可以将近期社会上比较受关注的一例诈骗案件作为背景,以此开展活动。

(4)明确活动的意义和目的:普及电信诈骗等诈骗的手段和方法,教导居民如何辨别、应对手机诈骗;对居民进行诚信教育,在防诈骗的同时,更要洁身自好;防电信诈骗,保护生命财产安全。

(5)确定活动地点和时间。

(6)确定活动参与者和活动要求。

知识链接

社区防骗活动方案的制定,需要考虑各方面的综合因素。既要符合当下全国的反诈防骗形势,又要结合本社区的具体情况;既要根据所有人群制定普遍性方案,又要针对特殊人群制定个性化方案。在制定方案的过程中,需要社区工作者群策群力,团结合作,当然,还需要一位优秀的负责人来统筹各项工作顺利进行。

20. 怎样提高社区群众的防骗意识?

为有效遏制电信网络及各类诈骗犯罪活动的高发势头,提高广大人民群众的防骗意识和能力,提升社会各界广泛参与的积极性,最大限度压缩犯罪空间,营造浓厚的舆论氛围,维护广大群众的切身利益,各地社区要积极组织开展防范诈骗集中宣传活动。

通过广泛持续的宣传活动,有力震慑违法犯罪活动,使广大人民群众有效识别和自觉抵制虚假诈骗信息,进一步增强防骗意识,提高防骗能力;动员社会各界和广大人民群众积极检举揭发诈骗犯罪案件线索,营造浓厚舆论氛围,最大限度减少诈骗犯罪案件发生,切实维护群众利益。具体实施内容可以从以下几个方面着手:

(1)揭露当前各类诈骗分子的作案手段。

(2)教人们识别常见诈骗的方法、防范措施、注意事项等。

(3)一旦被骗,应该采取的补救措施、报案渠道。

(4)举报诈骗线索的方式等。

(5)公安机关随时推送的动态发案案例。

知识链接

社区工作者组织开展防范诈骗集中宣传活动,要做到以下几点:

(1)高度重视,精心组织实施。各成员迅速按照预定方案分工,开展宣传,扩大社会宣传效果。

(2)落实责任,确保后续跟进。

(3)利用微信等新媒体,积极宣传电信诈骗的危害和预防措施,形成铺天盖地的宣传氛围。

(4)固定专人,做好资料报送。建立联系人制度,负责本社区组织的诈骗防范宣传工作。

21. 怎样对受骗者开展安抚工作?

当得知社区内有居民被骗,社区工作者要第一时间上门走访。首先询问受害者被骗的详细经过以及能帮助破案的一切细节,然后对受害者给予必要的心理关怀,嘱咐其家人在最近几天多关心受害者,时刻关注他的心理状况,如被骗的财务过多,受害者一时难以释怀,应尽快带受害者去做心理咨询,以免其做出过激行为。社区工作者要跟进受害者的心理恢复情况,并对其加强反诈防骗的宣传,防止日后再次被骗。

知识链接

近几年,诈骗案件越来越多,诈骗手法五花八门,特别是网络电信诈骗更是让人防不胜防。那些诈骗案件中的受害者固然值得我们同情,但苍蝇不叮无缝的蛋,更多是他们自身的原因,贪小便宜、利欲熏心、盲目跟风、遇事慌乱、妄想不劳而获、欠缺基本的科学知识和独立的思考能力等。骗子的手法大多并不高明,只要我们摆正心态、多学习、多思考,骗子们自然没有可趁之机。

第二章　社区居民防范电信诈骗知识

22. 如何防范短信中奖骗局?

小王是某娱乐节目的忠实粉丝,每周必追该节目。这天,小王的手机接到了一条中奖短信,称她的手机号码被该节目活动抽选为场外幸运手机用户,获得8万元现金和一台苹果笔记本电脑,短信内容还有一个"张小姐"的联系方式。

出于好奇,小王联系了这位"张小姐",拨通之后"张小姐"让小王填写好她发送过去的表格,并要求缴纳6500元税款,才能取得万元大奖。小王犹豫再三,出于对该节目的喜爱和侥幸心理,小王最终还是相信了这个所谓的"张小姐"。她按要求向"张小姐"汇款6500元,但钱一转过去,对方就将她拉黑,小王这才明白自己是被骗了。

如今的电信骗术可谓是五花八门,骗子为了诈骗人们的钱财,经常假借各种名义来引起人们的注意,短信提示中奖便是其中之一。为什么这种短信中奖骗局能够屡屡成功?就是因为一些人抱有侥幸心理,担心自己不领奖会错过一大笔奖金,而正是这样的心态,促使这类短信中奖骗局无法灭绝。

这类短信中奖骗局常冒充某火热电视节目的工作人员,给一些人发送中奖短信,如果收到短信的用户正好是该节目的观众,内心就会不自觉地相信自己是幸运儿,中了大奖。骗子一般会要求你填写一些个人信息，然后缴纳一定数额的税款，只要你填写了个人信息，便落入骗子的陷阱。

知识链接

短信中奖骗局主要是利用人们贪小便宜的心理，以为天上真能掉馅饼。防范这种骗局，大家需要从以下几点来入手：

（1）不要相信短信中奖

当收到中奖短信时，不论是以何种名义提示的中奖信息都不要相信，千万不能抱有侥幸心理，觉得自己一定是那个幸运儿。一定要谨记：不轻信、不转账、不汇款，这样就不会上当受骗了。

（2）不要被骗子迷惑

当骗子提示你进行转账汇款时，有些人可能已经意识到不对了，面对这种情况，我们可以选择置之不理，如果还有疑问，可直接拨打相关节目组电话或向工商部门咨询

（3）收到此类短信注意举报

当大家收到中奖短信时，要注意向电信部门举报或拨打 110 报警，这样才能避免更多的人上当受骗，让骗子无所遁形。

23. 如何防范贷款短信骗局？

付先生想开一家店，但苦于没有资金，就在这时，他收到了一条“无抵押、免担保贷款”信息，付先生喜出望外，马上打电话与对方联系。对方自称是杨经理，问付先生要贷多少，付先生说要 20 万元。杨经理很是热情地介绍了公司的基本情况，然后告知付先生，要先付 3 个月的利息 18000 元，并将账号发了过来，让付先生汇款之后，再与之联系。付先生

按照杨经理的要求,汇款之后,杨经理让他到某地寻找一辆车牌尾号为9966的车子,届时会将所借款项亲手交予付先生。

付先生如约来到地点,等了半个小时,却不见人影。这时杨经理又打来电话,说贷款贷不出来了,一定要交3万元保证金,并且一再承诺这笔钱到时会全额归还,公司这样做,只是考察客户的偿还能力。付先生想想也有道理,便又汇去了3万元,随着3万元汇出后,杨经理的手机就再也打不通了。

很显然,“贷款短信”是一场骗局,由于受害者急需资金,往往会轻信“免担保、无抵押贷款”这类虚假广告。当受害者将利息汇入指定账号后,骗子还会以“风险抵押金”等名义要求受害者继续汇款。在此提醒大家,如果急需资金,应到正规银行或借贷公司申请贷款,千万不能轻信短信贷款的虚假广告,以免上当受骗。

知识链接

“贷款短信”的骗局主要呈现以下特点:

(1)行骗者通过手机、互联网发布虚假贷款信息。

(2)以贷款手续简便且无抵押担保为诱饵实施诈骗。有时骗子们会谎称发放贷款无须提供抵押担保且低息,在被害人向其申请贷款时,通常冒充信贷公司经理,要求被害人提供身份证件、收入证明等资料进行所谓审核,然后以缴纳贷款利息、手续费等理由骗取被害人钱款。

其实,骗子正是利用一些中小企业主急需资金,又不想承担风险的心理,以能为其提供“无担保贷款”为诱饵,诈骗一些想省心省事的中小企业主。

24. 如何防范熟人转账骗局?

“我现在在外面办事,不方便打电话,现急需1万元钱,银行账号是××××××,请你务必在1个小时内汇出,汇款后截图留证,回来报销。”李先生掏出手机一看,短信竟然是公司领导发过来的。领导要求办的事,做下属的怎能耽搁?李先生马上用自己的支付宝给领导要求的账户汇去了1万元。待领导出差回来后,领导却说根本没有发过这样的短信,李先生这时才明白自己是被骗了。

李先生收到的短信是领导的手机号码发来的,李先生可能会有所顾虑,但因怕得罪领导,还是老老实实转了账。待款项一汇入骗子的银行账户,他们就会立即通过取现、跨行取款、转账等手段,把钱取走。以冒充亲戚朋友、同事的关系,进行短信诈骗,具有一定的欺骗性、隐蔽性,很容易让人上当受骗。首先,骗子会将发送短信的号码和内容变得更加真实;其次,骗子会把受害人锁定在经常与之联系的群体上,使人失去判断力。这是骗子之所以会成功的重要原因。那么,上述案例中,骗子的诈骗手段具体是如何操作的?

第一,骗子想办法查找到领导的身份资料及手机号码,之后用自己的照片套用该领导的个人资料办理假证件。

第二,骗子带着办好的假证件和从外地购买的银行卡,到准备诈骗的地区的移动或者联通营业厅,用假证件冒充领导补办手机卡后,打出领导手机的通话清单。

第三,群发要钱的短信给通话清单上的手机号码。

知识链接

要防范此类诈骗手段，我们在收到转账、汇款等涉及金钱内容的信息时，无论是通过短信、QQ、微信发来的，还是其他新媒体途径，都要提高警惕，可以通过手机回拨，确认是否是机主本人；也可以从侧面核实发布者的真实身份，比如，询问一些工作、生活的细节等，这样就很容易使骗子露出马脚，发现受骗后，要及时向公安机关报案，最大限度地减少损失。

25.莫名短信链接能不能点?

一天晚上9点左右，小刘收到朋友发来的微信："你手机中毒了吧，怎么给我发了这样的短信?"小刘点开朋友发来的短信截图，"黄××你好，我是刘××。你看这个是你吧？这下你可出名了。"短信后附着一条网址链接。

让小刘难以置信的是，短信中不仅自己的名字准确无误，连朋友的名字都完全对得上。小刘心里非常疑惑，急忙跟朋友解释："千万别点进去，短信根本不是我发的……"这边刚跟朋友解释清楚，小刘另外的一些亲友也发来了同样的短信截图。小刘急得手忙脚乱，不停通过微信、QQ、短信跟大家说明情况。

经过分析，小刘发现骗子都是选择自己手机通讯录里全名备注的人"下手"，而一些备注是昵称的则并未收到此类短信。这到底是怎么一回事？小刘努力思索，突然想到五天前，他也收到了同样一条短信，当时没太留意，顺手点击了链接，手机直接跳转进下载页面，看到一个安装包正在运行，小刘就赶紧退出程序，没想到还是中招了。

小刘的几个朋友也没逃过“厄运”，在点进链接后，手机中毒，开始给通讯录的朋友发送带有木马链接的短信，这些链接就像病毒一样，一传十、十传百地扩散开来。

这类诈骗短信可以说是一种相当高明的手段，骗子不仅知道事主的姓名，连被冒充的好友的名字也对得上号，因此迷惑性更高。骗子通常会伪装各种“马甲”发送短信链接，如过年发“红包”、节后发朋友“聚会照”、朋友发一些帮忙砍价的链接，或是一些笑话及引人入胜的新闻等，上述案例中骗子就是利用的激将法——“这个是你吧？这下你可出名了”，促使小刘及其朋友点击该链接。

这种通过短信发送的病毒链接，有两种目的：一是采取远程控制，盗取当事人信息；二是可以将当事人手机中的信息以短信形式发送到骗子手中，手机上安装的支付宝和电子银行等应用，都会陷入危险。除此之外，病毒一旦侵入一个人的手机通讯录，所有联系人都可能中招，带“毒”的短信就像病毒一样传播。

知识链接

此类骗局多是在链接中植入一些病毒，破坏手机的安全防护，因此大家在防范此类骗局时注意从保护手机的安全入手。

(1)误点短信链接后马上取消网银绑定

收到类似短信，没核实前千万不要点击链接。一旦误点链接，应马上取消网银绑定并及时更改密码，然后采取刷机等维修方式。手机一旦中毒，应立即停止在手机上使用支付宝、微信支付等应用，并通过其他终端取消支付宝、微信钱包银行卡关联，更改银行卡、网银账户密码，切记不要在网站链接上填写个人的身份证、银行账号等相关信息。同时注意进行木马查杀，如木马无法清除，应立即关机，并重装系统。

(2)手机中毒应立即通知亲朋好友并报警

如果收到诈骗短信,要立即删除短信,不要轻易打开短信中的链接地址,更不要下载安装其中的应用程序。一旦不慎点击不明链接,出现手机中毒的现象,应及时报警,手机截屏保存证据,并通知通讯录好友,以防他们被骗。

26. 电话响一声就挂断是怎么回事?

一天下午,余某的手机收到了某座机打来的电话,电话响一声就挂断。第一次收到这种电话的余某以为是什么业务,马上就回拨了过去,但电话那头却没有人,而是一段语音提示,余某听了几句就挂断了。谁知第二天又有类似的电话打来,余某没有回应,但接着余某每天都会接到类似的电话,这些电话有时并不是同一个座机打来的,还有用手机打来的。余某不胜其扰,使用了骚扰电话拦截软件,但还是有一些漏网之鱼将电话打到了余某的手机上,余某只能将一些确认为骚扰电话的号码放入手机黑名单。当月,余某在充话费的过程中发现本月手机通讯费支出比平时多了不少。

相信不少朋友都有过这样的经历,手机响了一声之后,对方马上挂断,当你回拨过去以后,却发现不是没有声音,就是什么中奖电话,也有一些是广告信息。其实,这就是骗子设下的骗局。大家习惯把这种电话称为“响一声”电话。所谓“响一声”电话,是指一些号码在拨打用户手机时,响一声就挂断,而在用户回拨的时候,则向用户收取高额的电话费。

响一声就挂电话的收费也称为电话回拨吸费,这是目前常见的诈骗方法。实施这种诈骗,首先需要到电信公司注册一个特殊服务号码(声讯电话号码),然后购买电话群拨器,通过软件将声讯电话与固定电话或移动电话进行默认,电话群拨器自动拨号接通后再挂断,如果对方回拨电话,骗子就通过软件将电话直接接到特殊服务号码上,拨打电话者,一次少则花费话费几十元,多则花费几百元。

知识链接

"响一声"电话诈骗虽然具有一定的欺骗性,但并不是无法识别和防范,大家可以试着从以下几点入手:

(1)不回拨不熟悉的电话号码

对于不明短信或来电,不要贸然回拨,可以先发个短信试探一下,或者拨打运营商客服电话,了解号码的来历。如果不慎拨打了此类电话,挂机时一定要确认挂断,以免被扣去手机费用。

(2)加强防备

一般这类骚扰电话都是以400、410、13或者15开头的陌生电话号码,基本上是外地的电话。当大家看到陌生的未接电话,不管是响一声挂断还是持续响铃的电话,最好不要接听和回拨。如遭遇同一号码恶意拨打电话3次和3次以上,就能定义为被恶意骚扰,可以将其加入黑名单或标记为骚扰电话,以便下次拒接。

(3)向电信部门举报

随着电话号码的实名制,查找电话号码也变得迅速,如果骗子是用手机号拨打的骚扰电话,大家可以向电信部门举报,便于其快速追踪到机主,将骗子一网打尽。

27. 如何防范利用“婚外情”的电话敲诈?

48 岁的宋先生在一家大型国有企业工作,并担任副总一职。一个星期前,宋先生外出,把手机忘在了家里。

这天中午,宋先生的手机响了,其妻子马女士接通了电话,电话那端传来气势汹汹的质问:“你老公呢? 他是不是干了见不得人的事不敢接电话了?”随后,该男子说,因为宋先生和他老婆有婚外情,他要找宋先生算账,并声称自己手里有宋先生的“艳照”,对方还说出了与宋先生很类似的体貌特征。

马女士听后,气不打一处来,但是为了宋先生的颜面,马女士试着与对方谈判。该男子称,要是宋先生不能给他一个很好的解释,就将这些“艳照”发到单位去,败坏他的名声。挂断电话后,马女士又急又气,可一时又联系不上丈夫。

就在这时,宋先生回到了家中,马女士与宋先生大吵了一架。在妻子哭哭啼啼的叙述中,宋先生明白了其中的缘由,立即给对方打去了电话,并声称自己就是宋先生,问他想怎么解决。对方称要付给他 5 万元作为精神补偿。此时,宋先生立刻明白了对方的用意,挂断了电话,拨通了 110。马女士也明白了,原来这是一场骗局。

这种电话诈骗主要是利用一些中年男子或女子的“婚外情”实施敲诈。短信诈骗则采取广发短信的形式“对缝”,遇到确有其事的人就下手。可能有人会问,骗子们怎么能够准确说出受害者的体貌特征的呢?其实,这并不难,通常骗子们会选择 50 岁左右、有一定经济能力的中年男女,而这些人大多体态微胖,再加上对方表现得穷凶极恶,很容易让人失去基本的判断能力。

知识链接

许多骗术之所以能够得逞，主要就是个人身份信息的泄露。网络是泄露身份信息的重要渠道，大家要重视对个人信息的保护，不要在不知名的网站填写个人信息，更不要在网吧这种公共网络环境里留下身份痕迹。另外，大家丢的垃圾中也有可能含有个人信息，比如银行取款凭条、填写错误的申请表、快递单等，如果把这些随意丢弃，被别有用心的人捡去后，就可能被利用。对于这种利用“婚外情”的电话敲诈、短信敲诈，最好的防范方法就是洁身自好，并充分相信自己的伴侣，只要自身铁板一块，再高明的骗术，再精明的骗子都无所下手。

28. 如何防范冒充“黑社会”的恐吓电话？

某日，曾先生接到了一个电话，电话那头的男子声音低沉凶狠，“你是曾某某吧？我是东北的彪哥！”曾先生感到纳闷，自己根本不认识什么彪哥，便问：“怎么了？”“你得罪别人了，人家让我卸掉你的一只胳膊！”男子加重语气说。

曾先生当即吓了一身冷汗，脑子里乱作一团，但还是问了一句：“你是不是认错人了？我没得罪什么人啊！”对方先是一阵冷笑，然后称他跟踪调查曾先生已经有一段时间了，对他的情况都已经了解，先是报出了曾先生的姓名，紧接着是车牌号，还有家庭住址，以及家庭成员的情况。

曾先生更害怕了，马上向彪哥求饶。彪哥立马说：“别人花钱，我替人办事，你既然不让我卸掉你的一只胳膊，那你就得赔偿我的损失，这样，你给我汇 6 万元钱吧，也算是花钱消灾。”于是，曾先生便按照对方的要求，汇去了 6 万块钱。事后，他越想越不对劲，立马报了警，警方告诉他，这是一场骗局。

尽管电话恐吓诈骗的套路陈旧，但这样的电话还是能骗到不少人，骗子就是希望用这种恐吓的手段，让接到电话的人产生“破财消灾”的想法，以便达到他们诈骗钱财的目的。一些心理素质较差，特别是有一定经济实力、社会关系较多、与他人有矛盾纠纷的人，极易上当受骗。

这类电话的骗术十分简单，骗子一般会各种威胁受骗者，并不断用言语辱骂、恐吓，以达到摧毁受骗者心理防线的目的。由于骗子会事先对受骗者的情况进行调查，在恐吓对方的过程中能够准确说出受骗者相关的信息，使得受骗者往往形成“如果我不按他说的做，我是不是就会遇到危险”的心理，最后被骗子骗走一大笔钱财。

电话恐吓诈骗的类型主要有以下两种：一是伪装成“仇家”“债主”等角色，打着受害人的亲属被绑架的“旗号”，勒令受害人向指定的银行账户转账汇款；二是诈骗分子以“黑社会”为名，利用群众害怕“惹事”的心理，对受害人及其家人进行人身安全威胁，以达到诈骗钱财的目的。

知识链接

对来历不明的恐吓诈骗电话和短信，先“冷淡”对方，借机及时与家人或朋友商量，不要因一时紧张或害怕中了骗子的圈套。骗子打恐吓电话的最终目的是骗钱，当对方以“花钱消灾”“对你不客气”为借口让你汇钱时，一定要提高警惕。如接到家人或亲友“被绑架”类的电话时，可从侧面试探性了解当事人目前境况，表明当事人不接听电话将坚决不汇款、不转账。还可以通过让当事人接听的方法判断真假，若是对方始终回避让当事人接听电话，无法确定信息的真实性，也可以用“当面给钱”“见人给钱”等方法予以应对。如果对方一再搪塞、推脱，并进行言语威胁、恐吓，也说明极有可能是诈骗。

29. 银行发来的短信可信吗？

孙某是中国交通银行的用户，一天中午，他接到一条来自中国交通银行官方服务号95559发送的短信提醒，告知他手机银行已全面升级，需要及时登录网站更新，以免功能失效，影响正常使用，并附上了一个更新升级的网站链接。

一看是银行官方服务号发的短信，孙某毫不犹豫地点开了网址，随后出现了一个“中国交通银行”官方网站，让输入手机号和登录密码。孙某输入后，又收到一条中国交通银行官方服务号95559发来的一条短信，短信提示这是手机银行客户端的激活码，只需根据网站的提示，输入激活码就可以对手机银行进行升级。

孙某立即在网站上输入了激活码，随后就出现了一条短信通知，提示孙某的银行卡被转走了1600元钱。看到这条消息，孙某一下就慌了神，立即前往附近中国交通银行的服务点，并向银行的人员反映此事。工作人员表示他们从未发布过任何手机银行升级短信，这是被钓鱼网站诈骗了。

骗子通过移动基站模拟某银行的官方帐号向受害者发送手机短信，由于手机号和银行帐号是相联的，受害者在输入手机号和手机银行登录密码后，骗子就通过木马程序在钓鱼网站中获取了受害者的银行卡账号、手机银行密码，并收到了受害者后来发送过去的短信激活码。诈骗者通过使用账号＋密码＋激活码登录，就可以在另外的手机客户端登录该用户账户，并进行账户内的资金划拨，最终盗走其资金。

知识链接

信息化时代，银行卡与手机、计算机网络的联系密不可分，而趁此机会利用短信进行诈骗的不法分子也越来越多，随着眼下银行卡短信骗术的不断翻新，如何“拆招”应该成为大家的一门“必修课”。

(1)守住账户密码

应对这类不法侵害最简单直接的方法就是以不变应万变，但凡收到了有关银行卡的可疑短信，可以到开户的银行直接向银行工作人员咨询。千万不要回拨短信提供的任何所谓查询电话，以免让犯罪分子有可乘之机。同时也不要对任何人在任何时候说出你的银行卡的账户密码，只要对方试图索要密码，肯定是骗子。

(2)手机安全防护

使用手机银行业务一定要安装一些手机安全软件，这些软件常常会起到检测来历不明、可能有危险的程序和网页的作用。同时，在使用手机银行的时候可以设置访问密码，登录的时候最好需要手机验证码等其他验证手段，加强安全保护。

30. 退税短信是真是假？

前不久，伍先生接到一条自称国税总局发来的短信。短信说，国家出台了退返房屋购置税的新政策，他的房子也在退税之列，具体情况可以打电话咨询当地国税局结算中心，并留下查询电话。

伍先生拨打了短信提供的查询电话，接电话的自称是国税局结算中心的夏主任，他告诉伍先生，按国家有关规定，伍先生在小区的房子被多征了1%的购置税，可以退还，并把伍先生的家庭住址说得一清二楚，此时的伍先生彻底相信了退税之事是真的。之后，夏主任给了伍先生一个电话号码，说是国税局金融出纳科的杨主任。伍先生马上拨通了杨主任的电话。杨主任说能退1万多块钱，但要通过银行转账才能退税。于是伍先生告诉对方一个银行账号。随后，电话里传来敲键盘的声音，对方一本正经地说款汇不过去，需要伍先生先把银行卡里的钱全部转移到国税局的卡上才能接收退款，到时他再将伍先生原来卡里的钱和退款一并打回，1个小时后即可查询，并提供了一个国税局的账号。

伍先生立马找到一家银行的ATM，按照杨主任的"电话指挥"，一步步输入卡号和密码，将卡里的近1万元钱转入了对方的账号内。1个小时后，伍先生没有等到所谓的"退款"，方知上了当。

上述案例中，骗子事先通过各种渠道获得当事人信息，然后冒充国税局工作人员电话联系当事人，称可以退房屋税款，取得当事人信任后要求当事人与其提供的电话联系，待当事人联系后，另一骗子则冒充税务局工作人员以汇款、转账等借口让当事人在ATM上按其提示操作，转走当事人银行卡内的钱款。

这类诈骗案件大多有一些明显的特点：

(1)骗子先花几百元买下一个铁通"一号通"虚拟号码，捆绑或呼转到自己的手机号码上。

(2)作案时间通常集中在上午9时至下午4时，也就是银行营业时段。

(3)骗子作案过程中有意多转几个电话号码，换几个"主任"，把受害人搞得晕头转向，从而误入圈套。

知识链接

其实，骗子的退税骗局并不高明，这里面可谓漏洞百出，主要表现在以下几点：

(1)房屋交易的税种根本不属国税局管，而由地税局下属的农税征收管理局管，所以，骗子打着国税局的幌子要退“房屋税”，肯定是骗局。

(2)购房只交契税、印花税，并无营业税，所谓的购置税，只有购车才有，由此可见，骗子的说法纯属子虚乌有。

(3)新的税收政策出台时，税务部门多会在大众媒体上进行宣传；按当前的税收征管操作流程，退税必须到税务部门申请办理，而不会到银行办理。

如果大家接到此类电话，不能辨别真伪时，最好的办法就是拨打12366，税务话务员会帮助消费者识破骗局。

31. 如何防范包裹藏毒诈骗电话？

一天上午，沈先生接到这样一个电话：“您好！郑州市邮政局有您一份包裹，请速与工作人员联系，联系电话：0371 - ××××××××。”因为刚从外地出差回来，沈先生以为真是自己耽误领取包裹了，随即拨通了该电话号码。接电话的是一名女子，她告诉沈先生：“你有一个来自云南西双版纳的包裹，里面有违禁物品，已被市公安局刑警大队查扣，你可拨打刑警大队电话进行咨询。”

沈先生非常震惊，立马按照对方提供的所谓刑警大队的电话号码打了过去。接电话的是一名男子，自称是市刑警大队的警官，他详细询问了沈先生的姓名、工作单位、手机号码等个人信息后，称的确有人从云南西双版纳给沈先生邮寄了包裹，里面有一张农行银行卡，还有一包普洱茶，经检查里面藏有毒品，涉案金额达100万元。

这名“警官”语气严厉地告诉沈先生，案件性质非常严重，并告诉沈先生:你的个人信息已经被人盗取,银行卡也已经被不法分子盗用,账号非常不安全,建议你在银联管理中心进行资产升级保护。最后,这名“警官”给沈先生提供了“银联管理中心”的电话号码。于是,沈先生立刻联系上了“银联管理中心”,一名“银联管理中心”的工作人员在询问沈先生的姓名之后,回答说:“市公安局刑警大队已把你的个人信息传真过来,经查证,犯罪分子用你的身份证办理了一张银行卡。”

该名工作人员要求沈先生带上银行卡前往最近的自助取款机,由他指导安装“银行卡升级系统”,前提是“为了资金安全,不要到银行柜台询问”。沈先生来到一家银行的自助取款机前,该名工作人员要求沈先生输入账号和密码,在查询账户余额信息后,要求沈先生转账到一个新的账户,并催促他按确认键。就这样,转眼之间,沈先生账户里的几万元现金就被骗子们骗走了。

谎称包裹里藏有毒品是一种老套的诈骗手段,骗子们通过“电话服务”或“短信服务”的诈骗方式,层层设套,来骗取他人的个人资料,最终窃取信用卡上的资金。提醒大家,在遇到此类情况时一定要提高警惕,尤其是当对方提出“汇款”“转账”要求时,千万不能信以为真。

知识链接

如果大家能够了解邮局邮递包裹的投发程序,就不会在接到包裹里藏有毒品的电话时惊慌失措了,骗子们正是利用了人们对邮局邮递包裹的投发程序不了解,而钻了空子。一般来讲,对于普通包裹,投递员会将纸质的包裹领取通知单投递至收件人地址,包裹通知单上加盖邮政专用章,告知收件人在哪个邮政局、什么时间领取包裹等详细信息,收件人凭通知单到市区邮政网点领取包裹。

如果用户没有及时领取包裹,邮政部门会发送催领单至收件人地址,如果邮件逾期依然没有领取,邮政部门会将包裹寄回原地,是不会以短信的方式通知用户的。如果是快递包裹，投递员会根据收件人地址将包裹投递到用户手中，并且让用户签收。

32. 如何防范电话车险诈骗？

前不久，吴先生接到一个陌生的电话，对方自称是平安车险公司的工作人员，谎称这个号码就是平安电话车险号码，接着“工作人员”向吴先生兜售车险，并告诉吴先生，因为最近公司在搞活动，如果此时投保，可以享受多种优惠服务。

吴先生被骗子所说的优惠政策和低保费冲昏了头脑，信以为真，按照“工作人员”给的账号，给对方汇去了3000多元钱。然而，等到吴先生再次联系对方时，却发现电话再也打不通了，此时，吴先生方知自己上当受骗了。

电话车险是一种比较常见的保险营销模式，比如平安保险，就是以电话为主要沟通手段，借助网络、QQ、微信等辅助方式，通过保险公司专用电话营销号码，完成保险产品的推介、咨询、报价、保单条件确认等主要营销过程的电销保险业务。此类营销模式由于没有中间环节，为车主节省了时间和金钱，深受车主的欢迎。然而，一些不法分子也看中了其中的“商机”，冒充平安电话车险的工作人员销售、续保车险，从而进行诈骗。

在这个案例中，吴先生之所以上当受骗，是因为他太大意了。其实，如果他能在接到骗子的电话之后，上网查询平安电话车险的号码，就可以发现其中的骗局。通常以“电话车险”为名的诈骗有以下特点：

（1）利用显号软件作案。通常骗子们会使用任意显号软件设置平安财产保险公司客服电话,以达到迷惑受害者的目的。

(2)以低保费和优惠条件为诱饵。骗子们常常假冒保险公司的销售人员,以低价推销车险为名借机骗取车主保费。

(3)银行转账骗取保费。车主一旦同意购买“电话车险”,骗子们会立即向车主提供银行账号,诱骗车主转账汇款,骗取车主保费。

知识链接

现实生活中,类似车险电销口头承诺的增值服务不兑现的事情并不少见。那么,我们该如何防范以“电话车险”为名的诈骗呢?

首先,确认来电号码的准确性。车主在接到电话或者短信的时候要注意特别来电的号码。一般而言,财险公司都有统一的专属客户热线。如接到普通号码的来电直接进行保险推销的就很有可能是骗局。

其次,登录车险网销平台。每家保险公司都有自己的官网平台,你根据官网上的提示,输入自己的有关信息,可以获得精准的报价,也可以咨询在线客服人员,自由选择个性车险组合方案。

最后,识别保单上的特别字样。正规的电话销售保单上印有各公司的统一标志,通过保险公司电话车险购买的客户在获得的保单上一般都有“××公司电话营销专用机动车辆保险单”等类似字样。

33. 如何防范“法院传票”电话骗局?

某日,秦先生正在上班,突然接到一个电话,听到了“法院传票”的人工录音,录音说秦先生有一张法院的传票,让他于今天下午5点之前去领取,否则就要强制执行,并称如有疑问,请按9咨询。秦先生被吓了一跳,担心是与单位有关的法院传票,就依提示按下了数字“9”。这时,电话另一端传来一名男子的声音，在电话中询问了秦先生的姓名，并要求其报身份证号码核对信息。

秦先生疑惑地问对方："我又没惹上什么官司，你要我的身份信息干吗？"对方回答道："我们要核对联系人的身份才能查询。"秦先生还是觉得不妥，为了保险起见，便询问了对方的单位和工号，对方对答如流。这下秦先生放松了警惕，对方告诉他传票显示他与一宗信用卡诈骗案有关，如果他不信，可以帮他转接到公安局核实一下。

随后，自称是牛警官的人员接通电话后，告诉秦先生，他的个人信息已被人盗用，在中国工商银行办理了白金卡，目前此卡已经透支8万元人民币，涉嫌信用卡诈骗，需将存款转入警方提供的账号以证清白。秦先生一听说被透支了8万元，心里害怕了，赶紧按照对方的要求，通过银行卡转账的方式将个人存款转入了对方提供的银行账号，转账后秦先生才意识到被骗。

上述案例中这类"法院传票"诈骗其实存在很多漏洞，只要大家仔细辨别，是可以识破的。第一，法院有可能通过电话通知当事人领取传票，但会在电话中告知案件的经办庭室、经办法官姓名、对方当事人情况、纠纷性质、领取的时间地点等基本情况，而绝不会询问银行卡号、存款金额，也不会要对方报身份证号码。第二，法院通知当事人均是人工服务，不会使用语音电话。

提醒大家，要防范可疑电话骗局，如接到此类可疑电话，请及时向法院举报或向公安机关报案，不要在电话中透露身份证号码、银行卡、存折密码等私密信息。

知识链接

法院发传票有非常严谨的法律程序。法院一般根据起诉状、答辩状等诉讼材料内的信息，采用以下方式送达：

(1)直接送达

由法院的审判人员和书记员或司法警察将应送达的诉讼文书直接交付受送达人本人、代理人或同住成年家属的送达方式。

(2)邮寄送达

法院送达人员将应送达的诉讼材料通过邮寄方式交付送达人的送达方式。

(3)委托送达

法院直接送达有困难,委托其他法院代为送达的送达方式。它是直接送达的补充。

(4)转交送达

对军队中的军人及被监禁或被劳动教养的人通过其所在部队团以上政治部门或监所行政部门转交给受送达人。

(5)留置送达

受送达人对法院直接送达的诉讼文书拒绝签收,送达人在邀请相关组织人员到场后,由相关人员见证将诉讼文书留置在受送达人住所的送达方式。

(6)公告送达

指在报纸或其他载体上刊登公告,经过一定期限即产生送达效果的送达方式。

34. 什么是“代开发票”短信骗局?

“你好:我公司因进项较多,有余额税票,现有各大省市的普通发票、专用发票可向外代开。普通发票收取税率低,详细税率,可根据票额大小商谈。本公司对双方合作关系绝对保密。如贵公司有任何需要,请直接来电联系！手机号码:136××××××××。"

某日,王女士收到了一则这样的短信,她按照短信上提供的手机号码与对方取得联系,对方说公司什么发票都有,要多少就有多少,只需要提供开票的内容、日期、公司名,他们就会把发票用特快专递寄过来,可以收到后再付钱。他们还信誓旦旦地保证,所开具的发票绝对是真的,他们与港澳台及国外都有合作,在全国有多家联网单位,在收费上只按发票的金额提取。王女士把开票的相关信息发送过去后,那边要她先交200元订金,王女士犹豫了一会还是把钱转给了对方。收到钱后对方就将王女士拉黑,怎么也联系不上,这时王女士才意识到自己被骗了。

对于这类诈骗,首先我们应该知道,通过"代开发票"的方式购买和使用发票是一种违法行为,骗子们提供的发票都是假发票,使用这种发票不仅涉嫌逃税会被税务机关查处,构成偷税罪,还将被移送公安机关追究刑事责任,并且这种违法的交易也是不受法律保护的。还有的骗子根本没有发票,就像上述的案例,只是为了骗取受害人的订金。

另外,即使是真发票,根据我国《发票管理办法》中"任何单位和个人不得转借、转让、代开发票"的规定,对于未按照规定开具发票的由税务机关责令限期改正,没收非法所得,可以处1万元以下的罚款,如果虚开了增值税专用发票或可用于抵扣税款的发票还将触犯刑法。

知识链接

很多人上了"代开发票"的当,是因为不了解相关的知识,一般情况下,只有税务机关才能代开发票,税务部门不会委托公司开展发票代开业务,发现类似情况应该向税务部门进行举报。倒卖盗卖发票行为属于违法行为,无论是买方还是卖方都触犯了国家法律。所以,大家不要存有侥幸心理,要按法律规定取得和使用发票,使假发票失去市场。

35. 如何防范“猜猜我是谁”的电话骗局？

某日，童女士接到一个陌生号码打来的电话，刚一接通，对方便说：“是童某某吧，猜猜我是谁？”童女士被这么一问，有些发懵，想不起会是谁，而且听口音像是南方人，自己认识的南方人也不多呀。想了一会儿，童女士告诉对方猜不出来，可能是很久没有联系了。这时，对方又说：“你猜猜嘛，你想想你以前的好朋友啊。”童女士苦思冥想，想到了多年不联系的大学同学李威。当她刚把李威的名字报出时，对方马上说自己就是李威，并说自己现在在上海经营电器生意，过两天要来东营出差，顺便过来，请童女士吃个饭。有朋自远方来，童女士很是高兴。

两天后，童女士再次接到“李威”的电话，对方称自己已经快到了，让童女士将见面的地址告诉他。童女士接到电话后，在家里耐心等待，可左等右等都不见李威的身影，电话也没有再打来一个。直到晚上，童女士才接到“李威”的电话，对方称自己出了车祸，撞伤了别人，身上的钱和有效证件都在受害人手里，问童女士能不能打 2000 元过来，以解燃眉之急。童女士见同学有难，不假思索地按照对方的账号汇去了 2000 元钱，之后，“李威”的手机就关机了，此时，童女士才醒悟过来。

“猜猜我是谁”骗局之所以成功，原因在于两点：一是骗子可以准确无误地说出受害者的姓名，使得这通电话拥有很高的可信度；二是利用受害者的惯性思维，当骗子承认自己就是对方询问的那位熟人时，受害者便会自动带入骗子的身份，很少会去怀疑。再就是总觉得朋友有难不帮忙,面子上过不去。即使有疑问,也不好意思询问,害怕伤感情。

这个骗局设置的前提在于骗子首先非法获取了受害者个人身份信息,然后骗子会根据受害者的职业、喜好精心制作诈骗剧本,再打电话实施诈骗,诈骗成功后便立即将对方删除或拉黑。

知识链接

接到这种陌生电话后,一定要谨慎,核实清楚之后再做打算,以免钱财受损。防范这类骗局可以从以下几点来入手:

(1)多核实

大家可以虚拟一个身份,比如不存在同学或朋友,然后以这个人的身份去询问对方是否知道他,如果真的是朋友,他会揭穿你;如果是骗子,他会一步一步跟着你的思路走,顺着你的话说。还可以问一些你和朋友都知道的事,如果是骗子,对方一定回答不上来。

(2)不乱猜

应直接询问对方姓名;在无法确认对方身份时,可通过第三方亲朋好友进行核实;可提出见面要求,如对方推脱即有破绽。

(3)不转账

当对方说自己遇到突发事件,急需用钱,或以各种方式让你转账时,先不要冲动,可以咨询下其他朋友,核查对方所说事情缘由的真伪。如果确认对方诈骗,要及时报警。如果一时无法确认信息的真实性,也尽量不要贸然采取直接汇款转账的方式,而是搞清情况再说。

第三章 社区居民防范网络诈骗知识

36. 免密 Wi-Fi 能随便蹭吗?

一天,小徐和同学在学校附近的餐馆吃饭,俩人用餐时觉得无聊,于是连接店里的免费 Wi-Fi 一起玩游戏。吃完饭后俩人又玩了会手机,还登录了手机 QQ,查看了一下班级群的消息,随后俩人便退出了 QQ。

下午放学后,小徐的同学便联系了小徐,告诉他自己的 QQ 号不知怎么被盗了。小徐觉得很诧异,立即登录自己的 QQ 查看,发现也登不上去了。更加令人疑惑的是,班里其他的同学用微信联系俩人,说他们的 QQ 号正在向同学疯狂的借钱,并且已经有人借了钱,但立马就被拉黑了。俩人想来想去,觉得自己的 QQ 号被盗,只能跟自己连接的免费 Wi-Fi 有关,俩人想起自己还曾登录过游戏,便上游戏账号查看,结果发现自己攒了好久的游戏装备也全都被卖了。

钓鱼 Wi-Fi 的成本很低,网络黑客一般只需几百元便可以设置一个钓鱼 Wi-Fi,进而给手机、电脑推送弹窗广告、木马病毒,用户一旦连接就会被盗取 QQ、微信账号密码等个人隐私信息,甚至导致财产被盗。

一旦连接到黑客设定的 Wi-Fi 热点,相当于同学们上网的所有数据包,都会经过黑客设备转发,这些信息都可以被截留下来分析,一些没有加密的通信就可以直接被查看。于是,当你在用免费 Wi-Fi 上网时,就如同将你的信息暴露在互联网下。黑客可以知道你上网买了什么东西,在朋友圈看了什么图片和视频,还可以冒用你的身份去发微博,查看你和朋友聊天的私信。

除了伪装一个和正常 Wi-Fi 接入点雷同的 Wi-Fi 陷阱,攻击者有时还可以创建一个和正常 Wi-Fi 名称完全一样的接入点,这被称为“山寨 Wi-Fi”。比如,当你连接的某个 Wi-Fi 信号不够稳定时,你手机会自动连接到攻击者创建的“山寨 Wi-Fi”热点。而由于名称相同,你完全不会有任何的察觉。

知识链接

蹭网虽然简单,但如果信息泄露那就得不偿失了。防范此类免费 Wi-Fi 的钓鱼大法,大家应掌握 Wi-Fi 安全使用指南。

(1)拒绝来路不明的 Wi-Fi

尽量选择中国电信、中国移动和中国联通三大运营商和商家提供的热点,该热点安全性较高而且速度快,用户可以通过电话或短信,免费获取 Wi-Fi 账号和密码,但在登录前也应与商家核对 Wi-Fi 的具体名称。

(2)改变上网习惯

对于智能手机用户来说,Wi-Fi 连接方式建议设置为手动,或者关闭 Wi-Fi 自动连接功能。使用浏览器登录网站时,如果碰到需要用户输入账户名和密码并弹出“是否记住密码”选项框的情况,避免选择“记住密码”,因为“记住密码”会将用户的账号存储到浏览器的缓存文件夹中,方便黑客窃取。

(3)及时升级软件,安装防火墙

用户在使用非加密的 Wi-Fi 网络或者陌生的 Wi-Fi 网络时,最好提前在笔记本电脑或智能手机中安装一些安全防范软件以作提防。同时,安装 ARP 防火墙,提高安全性能。

(4)登录网银选用专业程序

使用手机登录手机银行或者支付宝等金融服务类网站时,最好不要直接通过手机浏览器进行，尽量使用银行或者第三方支付公司推出的专用应用程序，如无法保证安全性，就尽量避免从事一些涉及资金的操作。

37. 网游里有哪些骗局？

随着网络的不断发展，网络游戏也成为很多人在闲暇之余打发时间的娱乐方式，同时，也给不法分子创造了一条“致富门路”，通常骗子们会用以下几种方式行骗：

（1）不正规交易平台布陷阱

在网络游戏中，经常会遇到骗子搭讪，待赢取玩家的信任后，就会骗其进入预先设置好陷阱的交易平台，或者通过其他方式，骗取玩家的虚拟货币、现金，甚至是盗取玩家的账号。防范这类骗术，最好的办法就是选择正规的交易平台，切勿进入陌生或者信用度低的游戏网站进行交易，不给骗子们可乘之机。

（2）假冒游戏管理员进行诈骗

玩家在玩游戏时，可能会弹出这样的信息：恭喜您，在活动中获得×等奖，请发送游戏账号以及密码，领取奖品，骗子们假冒游戏管理员的身份，骗取玩家信任，盗取玩家账号。一个成熟的网络游戏中，管理员是不可能以任何借口向玩家询问账号和密码的。

（3）用被盗账号行骗

在网络游戏中，账号被盗是经常发生的事情。有些骗子在将被盗账号上的虚拟物品货币洗劫一空后，还会冒充玩家的身份，去骗取其他玩家的物品。所以，建议大家在发现账号被盗之后，要及时跟游戏管理员联系，冻结账号。

(4)借助买游戏装备骗钱

有些网络玩家在购买外挂软件或者游戏装备时,也会遇到骗局。通常骗子会提出先打款后发货的交易方式,而在汇款后,骗子就会销声匿迹。

即使骗子的手段再高明,只要大家坚持不把密码给别人,交易时多加小心,就不会被骗。在这个网络游戏的虚拟世界中,很多人都曾上当受骗,但是因为被骗物品价值太低,很多人都自认倒霉,选择了沉默,这也是骗子多次行骗、屡试不爽的一个重要原因。

知识链接

很多时候,游戏玩家被骗都是因为账号密码被他人盗取,加强账号密码的保护,就能有效防止被骗。那么,如何保护密码安全呢?

(1)不要把密码轻易告诉他人,无论是网友,还是现实中的朋友,都要尽量避免。

(2)定期更换密码,在更换密码前,要确保所使用电脑的安全。

(3)不要使用简单危险的密码。在设置密码时,最好是大小写字母、数字和其他符号的组合。

(4)申请密码保护,设置的安全码不要和密码一样,如果没有设置安全码,别人一旦破解密码后,很容易就能把密码和注册的资料修改掉。

(5)设置的密码不要与自己的电话号码、身份证号码、生日等相关信息有所联系,这样别人可以很容易推测出你的账户密码。

38. 婚恋网站有哪些套路?

近年来,网络交友、征婚日渐火爆,通过网络“牵线”,找到人生的另一半,似乎成了一种风尚。但是,因为婚恋网站遭遇骗局的人也不在少数,下面我们就一起来看看网络征婚中常见的骗术:

(1)假借相亲,骗人消费

小董在某婚恋网站注册成为会员后,通过层层筛选,终于找到一位如意佳人。没承想,两人在酒吧的第一次约会中,一瓶红酒让小董花掉3000多元,之后“如意佳人”就再也联系不上了。原来,小董的“如意佳人”是个酒托。

(2)充值会员,没有下文

唐先生在一个婚恋网站注册成为用户。随后,网站中的红娘带来了“贴心服务”,积极给其介绍对象,从中牵线。不久后,红娘表示有一个女孩很欣赏唐先生,想要认识他,只要他在网站交钱成为会员后,便能取得女孩资料,长久发展。唐先生在缴费成了会员之后却发现,女孩并没有像红娘说的那样对自己感兴趣,这只不过是网站骗取会员费的一种手段而已。

(3)利用已有会员资料骗取其他会员会费

有些不法网站在取得会员的账号后,擅自操作,向其他会员“示好”,以骗取其他会员的会费。

(4)雇用托儿来聊天

有些婚恋网的女会员会同时使用不同昵称,与多名男会员聊天,以达到骗取会员会费的目的。而实际上,这些女会员并非真的征婚,只不过是征婚交友网站雇用的托儿而已。

(5)打着征婚的幌子干苟且之事

有些征婚网站会定期组织相亲活动,在交纳一定的费用后,就可以参加。而表面看上去是相亲,但实际上并非如此。在和相亲会员聊天时,有些会员的言语暧昧,并提出购买首饰、手机等要求,有的干脆直接提出交易价格。

知识链接

2009 年开始实施的《婚姻介绍服务》国家标准,就明确规定了婚姻介绍服务机构提供服务的基本原则:要求征婚者如实填写个人信息登记表,对征婚者的档案妥善保管,保护征婚者个人隐私。落地婚介中,身份审核除了身份证、户口本,还有照片要和本人对应,同时学历证、房产证、收入证明;另外红娘也是要经过专业培训的,有执业许可证的才可以上岗。而大部分婚介服务的网站根本就没有这种资质,变相收费、乱收费的现象屡见不鲜。

39. 二维码能够随便扫吗?

一天,凡某坐地铁回家,正当他在地铁上开始玩手机时,一个年轻人拿着二维码走到他的面前,"你好,我是 × × 学校一名大四的学生,我跟同学正在创业做一个项目,我们合力开发了一个软件,下载流量只需 3M 左右,需要有一定下载量才能获得投资。你能不能帮我扫一下二维码,下载一下?"

凡某丝毫没有怀疑便扫码了,按理说应该弹出一个应用平台的下载页面,结果弹出的是一个杀毒软件提醒是有病毒和危险性的链接。凡某觉得很困惑,举起手机询问对方,对方巧舌如簧地说:"现在是测试阶段,其实没有任何问题,可以下载。”凡某觉得有点不靠谱,最后拒绝了下载。那名年轻人见到凡某态度坚决,于是便悻悻地离开了,继续去寻找下一位目标。

某次凡某观看3·15晚会时,官方公布了一项二维码骗局,说的便是骗子在地铁、公交上求人扫码,然后手机便会被植入木马程序或是跳转到钓鱼网站,银行卡等会被盗刷。看完视频的凡某无比庆幸自己当时没有听信骗子的花言巧语。

现在有许多这类扫二维码的骗局,骗子会采用各类方式来促使受骗者扫描他们的二维码,总结归纳包括以下方式:

(1)利益诱惑

在商场、超市、地铁口等人员密集的场所,通过扫二维码送小礼品。这时候,很多人抱着占便宜的心理扫了码,然后泄漏了自己的个人信息。

(2)拉粉求支持

车站、机场经常会有一些“扫码族”,他们多以“创业”“做活动”为理由请那些匆匆过往的乘客扫描,这些看似安全无害的App推广扫码,其实已经被黑客植入了可以恶意获取他人信息的木马链接,一旦有人扫码下载并安装,其手机内的信息将会被立即窃取,并以短信的形式发送给他们事先设置好的手机中。

(3)冒充共享单车二维码

骗子将自己伪造的二维码覆盖在共享单车原二维码上,误导人们进行转账等。有些骗子甚至脑洞大开,制作出高仿共享单车官方网站的钓鱼页面,以完善身份认证等名义诱骗你主动填写个人身份信息和银行卡资料,从而进一步实施精准诈骗甚至盗刷网银。

(4)资源分享

生活中,有不少不法分子以出售游戏账号或提前观看热门影视剧等虚假信息为诱饵，骗取受害人信任后，将自己的收款二维码发给受害人进行扫码，实施诈骗。

知识链接

大家在日常生活中应警惕以下四类二维码，做到不随意扫不明来源的二维码。

(1)利益诱惑型二维码坚决不扫

“使用手机扫描二维码，免费赢取百万大奖。”这是很多扫码骗局的广告词。如果你被这“百万大奖”诱惑，顺手扫描了，按照提示下载“App”软件，就很有可能资金被盗刷。还有一些以礼品为幌子的扫码骗局，也要小心识别，谨慎操作。用户在扫二维码前，应核实来源，选择正规途径及商家发布的二维码，不要扫来源不明的二维码，切勿冒然输入个人账户、资料、银行卡号信息等。

(2)陌生人求帮忙型二维码坚决不扫

有些“扫码一族”会拜托你为他们刷网店的信誉，并承诺你能得到10%的佣金。但是你一旦按操作步骤进行后，会发现微信钱包里的余额全部不翼而飞。所以不要轻易通过扫描二维码访问网站、提交个人信息，在必须扫描二维码时，最好选用专业扫码工具。

(3)拉粉借口求支持型坚决不扫

有些借口初创企业做活动的二维码扫描同样存在隐患，泄露个人隐私不说，还可能被转走网银账户里所有的余额。不要轻易被创业者感动，要感性更要理性，多留个心眼，谨慎扫描！

40. 网络刷单能否相信?

一天,小芳看到了一个兼职刷单刷信誉的网页,于是想到用刷单来赚取外快。于是在网页上找到了一个刷单的广告,按提示添加了“客服”。“客服”发来了一份盖有某单位红头公章的工作介绍和流程,流程中特别提示:“我们是专业的刷单机构,加入本项目绝不收取任何押金,完全用劳动赚钱,更不会向你索要任何密码。”同时“客服”还让小芳填写了“网络兼职项目申请表”。

小芳依据流程,在“客服”所提供的网址上,进行了一次“下单”“支付”“确认收货”“好评”的“刷单”试验,发现对方果然在其完成所有流程后,按照约定及时返还了其“刷单”时支付的110元本金和佣金5元。“客服”介绍,刷单金额越高,拿到的佣金比例会越高,成功刷一笔110元的单,奖5元,而累计刷单2000元以上,可以拿到本金8%的奖励。小芳算了一笔账,如果自己每天帮着刷单6000多元,就可以每天赚四五百元。

在丰厚回报的诱惑下,小芳以每单110元的价格,按照上述的流程操作了20次,支付了2200元。可是,“客服”却告诉小芳,因操作频繁,系统卡单了,要过几个小时后才能返本金和佣金,并让小芳继续刷单。小芳信以为真,又操作了20次付了2200元。然而,等待几个小时后,“客服”所说的本金和佣金仍然不见踪影,小芳此时才知道上当受骗了。

很多网店为了吸引顾客的注意力,刷高店铺信誉以及冲击销量指标,会采用大规模“刷单”的做法。所谓“刷单”,就是卖家雇佣“刷客”扮演顾客,用虚假的购物方式,帮助卖家提高商品销量和信用度的数据,并且填写虚假好评的行为。一般来说,骗子刷单诈骗的套路主要有以下三个步骤:

第一步，在最开始的时候，骗子会以练习刷单业务流程为幌子，让“刷客”购买百元左右的商品，等购买成功后，骗子会快速将购物本金和刷单佣金返还给“刷客”。随后按此流程多操作几次，逐渐赢得“刷客”的信任。

第二步，骗子在赢得“刷客”的信任后，会要求“刷客”继续网购刷单，且网购的商品单价会越来越高，当然，承诺的佣金也会越来越高。不过这时，骗子就不会很快兑付本金和佣金了，而是忽悠“刷客”说需要完成连续任务才能一次性返还。

第三步，等到“刷客”完成连续任务后，骗子又以各种系统故障、转账延迟、账户冻结等理由，引导“刷客”向诈骗账户汇入同样的金额激活账户。用这种套路，“刷客”被诈骗金额将越来越高，直到被骗子“拉黑”后才发觉上当受骗了。

知识链接

网络刷单只是幌子，骗钱才是目的。大家被“轻松获得高报酬兼职机会”找上门时，需谨记“天下没有免费的午餐”，不要轻易相信。同时，“网上刷单”行为本身已经具有违法性，涉及虚假宣传等内容，“刷信誉”等虚假交易行为已被明令禁止，就算不是骗子，真有佣金可拿，大家也不应该为了赚钱而兼职刷单。

41. 网购中会遇到哪些骗局？

时下，网上购物已成为大多数人必不可少的生活方式，不用出门，轻轻点一下鼠标，货物就能送上门，人们越来越热衷于这种轻松的购物方式。然而，网购也存在着一定的隐患，以下就是网购中经常出现的骗局：

(1)假冒客服，称寄错货

前不久，雷女士就遇到了一个令人匪夷所思的骗局。雷女士在网上相中了一款苹果手机，向网店客服人员了解情况后，她支付了5000余元网购了一台。两天后，商家准时将货送到了雷女士手上。仔细验货后，雷女士很满意，第一时间在网上确认收货，货款也交到了商家的手上。

收到货物不久，雷女士在家上网时，她的淘宝旺旺上一个头像在闪，点击一看，对方打来的信息是：对不起，我是某商家的客服人员，今天给你送的货是否收到？如果收到了，请不要使用，我们的货寄错了。雷女士马上回复说货物已经收到，对方继续说：因为发货员一时疏忽，寄来的货物是返修货，为保证你的权益，请你将货寄回来，我们重新为你发一台新货。随后，发来一个地址。

雷女士一听是台返修货，马上将手机打包，按对方给出的地址寄了过去。第二天，雷女士向先前购货时联系的网店客服人员打去电话，告知对方已将货寄出，并询问新货什么时候能收到。她得到的答复却是：本店根本没有发错货，也不存在返修货，你寄回的地址也不是本店的地址。此时，雷女士才意识到上当了。

此类骗术是一种新型的诈骗，让人防不胜防，大家在收到这类信息时，最好先和店家确认一下，以免上当受骗。在此提醒大家，在网上购物时，切记不要打开陌生人给出的赠品拍卖网址链接，以免泄露自己的地址、姓名、手机号等信息，给骗子提供可乘之机。另外，骗子还可能盗取到客户的旺旺密码，登录旺旺向卖家提出要修改地址，骗取货品。

(2)虚假网站

一些不法商贩通过虚假网站来骗人钱财，这类网站的特点是只有一个网页，或者“寄生”在其他网站上，而且往往来头都很大，喜欢拉大旗做虎皮。而当你打款后，这个网页就会立马消失。

(3)卖假货

网上购物，价格比实体店便宜。但有部分不法网店就利用这一点，冒用他人的商标品牌专卖假货。提醒大家，如果发现网店的商品比实体店中的价格便宜很多，特别是一些国际知名品牌，就应该提高警惕。

知识链接

大家网上购物，图的就是方便快捷，而且价格相对便宜，但是一旦受骗，就得不偿失了。网购时，一定要开启网购保镖，很多“钓鱼”网站就是利用一些木马病毒来散播。所以，大家要及时安装杀毒软件、防火墙，而且要时常保持更新。另外，建议消费者在完成交易后，一定要记得向卖家索要收据或者凭证，并妥善保管汇款单据等，同时保留与卖家的往来邮件或聊天记录等资料，以备不时之需。

42. 网络筹款是否可信？

近日，小泉的朋友圈里开始疯狂转发一条消息，某位高校的女大学生通过某筹款平台为患肿瘤的母亲募捐手术费。小泉打开这条朋友圈，看到了这位母亲的故事。文章中称这位母亲年前患了肿瘤，一直在放射治疗，家里已经负担不起她的医疗花销，希望大家能众筹帮助她。文章中还配上了这位母亲躺在病床上的照片和一些病例诊断书、缴费明细单等。

小泉看到这条消息，非常同情对方的处境，立即在众筹那一项献上了自己的爱心，捐了 200 元。小泉朋友圈里的好多朋友也纷纷捐款，大家都在讨论这个事，觉得那位母亲实在是太可怜了。

谁知，半个月后事情突然发生了反转，小泉的朋友圈爆了。据悉有人在网上爆料之前众筹的女大学生家里根本就不缺钱，这名女生不仅将支付宝余额贴在朋友圈，还经常晒“吃喝玩乐”，更没有更新母亲的病情。一些捐款的网友觉得自己的爱心被利用，自己的善意遭到了欺骗。事情越闹越大，最后这名女生不得不出来解释。原来年初她母亲确实患有良性肿瘤，情况并没有文章中说得那么严重，她看到有同学通过“轻松筹”募得过善款，所以自己也效仿发起了筹款。

“水滴筹”“轻松筹”等筹款平台确实能够帮助一些陷入困境的人获得重生的机会，它的作用和意义是非常巨大的。但由于平台审核机制的问题，我们很难区分那些在平台上发起众筹的人是否真的需要帮助。目前一些众筹平台存在“筹款目标任意定、随意改，病情及治疗方案缺乏权威佐证，筹款后资金使用无人监管”等问题，很容易被诈骗分子乘虚而入。

这类骗局主要是利用人们的同情心，骗子只要在众筹平台上填写筹款信息，然后伪造医生的诊断证明，就能轻易获得他人的筹款。“善心筹”如果变成“骗子筹”，长此以往便会过度消费人们的善心，等到真正有需要帮助的人，也很少会有人伸出援助的双手。

知识链接

当每一个众筹骗局被揭开时，伤害的是所有参与者的感情，他们会觉得自己受到了欺骗,进而觉得所有公益都不可信,最终谁也不敢再乱帮助他人。因此,当大家在朋友圈看到类似众筹信息时,一定要注意仔细甄别。可以从以下几点来入手:

(1)分析消息来源

注意看这类消息是谁最先在朋友圈转发的,如果是熟悉的亲人和朋友,一定要先与他们核实,询问发起众筹的人是否是认识的人,相关情况是否属实。

(2)确认消息的真实性

想要确认消息的真实性,可以通过搜索引擎来搜索文章中的句子和图片,如果发现网上有类似的案例,并且图片和句子的描述一样,那么就可以判定故事有很大的概率是伪造的。

(3)在正规平台上捐款

如果想要在网上捐款,建议选择有知名度的正规捐款平台,不要过于相信这类在微信、微博等社交媒体上发起的筹款,以免被骗。

(4)遇到骗局及时举报

如若发现自己被骗了,一定要及时向平台举报,让发起人被平台拉入黑名单,以免骗子再次卷土重来,让更多的人上当受骗。

43. 如何防范网络“钓鱼”骗局?

“钓鱼”网站,又称假冒欺诈网站,指不法分子利用各种手段,仿冒真实网站的 URL 地址以及页面内容,或者利用真实网站服务器程序上的漏洞在站点的某些网页中插入危险的 HTML 代码,以此来骗取用户银行储蓄卡或信用卡账号、密码等私人资料。那么,“钓鱼”网站是如何进行诈骗的呢？

（1）制作高仿真的网站，迷惑用户

为了骗取用户的网络账号和密码，从而达到骗取钱财的目的，骗子们往往会制作与真实网站相似度极高、普通用户无法识别的“钓鱼”网站，用户在登录这样的网站后，相关信息就会被骗子们盗取。

（2）短信提醒，诱导用户

骗子们通常会短信提醒用户“你的银行密码被泄露”“你的账号被冻结”等，进而通过在线客服等方式，提醒客户到网上他们制作的页面修改账户信息，从而盗取相关信息。

（3）在境外注册网站域名，逃避打击

由于目前对境外域名注册行为无法实施有效管理，所以，骗子们通常会选择在境外注册网站域名，以逃避打击。

（4）通过转账，盗取客户钱财

骗子们在获得用户的网银信息后，会立马登录真实的银行网银盗取现金。通常情况下，“钓鱼”欺诈的流程为：“钓鱼”网站木马制作者——“钓鱼”网站经营者——通过流氓软件产业链为“钓鱼”网站带来流量——诈骗受害者钱财或信息——收集出售个人信息——获取利益。

随着大家防骗意识的提高，骗子们也在费尽心思，变着花样地改变招数，目前，“钓鱼”网站呈现出三大特点：

（1）高伪装性

近年来，“钓鱼”网站的伪装性不断加强，伪装的办法不断翻新，一些“钓鱼”网站使用多次跳转，成功欺骗了若干聊天工具内置的安全识别系统，令人防不胜防。

（2）病毒木马的引入

为了增加网络“钓鱼”的成功率，骗子们将一些病毒木马技术引入到“钓鱼”的过程中，使诈骗的成功率提高。

(3)利用病毒进行网站推广

为了推广“钓鱼”网站,骗子们会通过病毒、木马、流氓软件来弹出“钓鱼”网站的广告,为“钓鱼”网站带来流量,令大量用户落入陷阱。

访问“钓鱼”网站之后,若信以为真,其后果主要有两个,一是个人信息被泄露,二是造成经济损失。所以,大家一定要加强对“钓鱼”网站的防范。

知识链接

了解“钓鱼”网站诈骗的形式,可以有效地降低被骗的概率。以下就是“钓鱼”网站常用的类型,遇到此类情况大家应该提高警惕。

(1)假的购物网站。

(2)博彩类网站。

(3)机票、车票预订,假的旅行社等。

(4)推荐股票,骗取会员费。

(5)冒充网游公司的中奖活动、冒充网游道具账号交易网站。

(6)伪装成电视节目工作人员,进行抽奖等。

44.“红包”能不能随便抢?

春节期间,邱某正用手机玩游戏,忽然某个微信群里弹出一条新消息。邱某好奇地点进去看,发现有人发了一个红包链接,链接写着某某公司。邱某没多想,立即点击了“抢红包”,链接上显示抢到了200元的现金礼包。邱某很开心,随即点击红包想要取现,但系统要求输入姓名、身份证号和银行卡号等信息。邱某输入了相关信息。没过几分钟,他收到网站发来的验证码短信,他立即输入了短信中的验证码。然而,邱某收到的不是红包的确认消息，而是银行卡被刷走1000多元的短信通知。

原来，这是不法分子在微信互动界面中嵌入了钓鱼网址，用户点开链接的同时，其相关个人信息便被盗取。

在微信里发红包、抢红包，成了眼下不少人热衷的一种社交和娱乐方式。看到微信群里不时冒出的红包，当你随手点开，可能就陷入了骗子的圈套。

微信红包诈骗的手法主要有六类：

（1）需要个人信息

领取红包时要求输入收款人的信息，比如姓名、手机号、银行卡号，这种很可能是诈骗。而事实上，正规的微信红包，一般点击就能领取，自动存入微信钱包中，不需要烦琐地填写个人信息。

（2）分享链接才能抢红包

看到朋友圈分享的红包，比如送话费、送礼品、送优惠券等，点开链接要求先加关注，还得分享给朋友的情况，这种红包涉嫌诱导分享和欺诈用户。

（3）与好友共抢的红包

朋友圈有不少跟好友一起抢红包的活动，要求达到一定金额，比如100块才能提现，玩这种游戏要格外注意，红包页面的开发者是否正规，很可能只是一种吸引粉丝的骗局。

（4）高额红包

单个微信红包的限额是200元，因此如果收到比如“666”“888”之类的大红包，基本上可以确定就是假的。

（5）“AA红包”骗局

此类红包往往对微信AA收款界面进行略微改动，加上“送钱”“现金礼包”等字样，让用户误以为是在领红包。

(6)拆红包输密码

如果有商家或者朋友发来一个微信红包,拆开时却要输密码,那就要警惕了。因为这很可能是假红包,真正的微信红包在收的时候,是绝对不需要输入密码的,还要注意的是有不法分子效仿“双十一”电商发红包的做法,发布山寨网页,借此收集网友的个人信息,或是通过点击量来增加公众号的阅读量,大家最好不要登录不熟悉,或者是不正规的网站。

知识链接

一旦发现假红包,大家要及时举报。我们一定要擦亮眼睛,认清骗术,遇到可疑的红包,千万不要抢。如不慎点击安装了木马病毒“红包”时,应第一时间退出该界面,关闭手机网络,然后立刻修改网银、支付宝等密码,最后通过正规途径彻底删除该病毒。

45. 如何防范网络直播骗局?

小婷是一名大学女生,常在某K歌平台搜索音乐,一次偶然的机会,她见到了正在直播唱歌的王某。王某的嗓音征服了小婷,小婷瞬间成为王某的粉丝,每当王某在直播间唱歌时,小婷都会给王某打赏。

一开始,小婷只能用自己的零花钱给王某刷礼物,但时间一长,小婷就不满足了。那些几块钱的礼物溢满整个直播间也不会引起主播的注意,而一些用几百、几千块花钱买的礼物则会在直播间中用醒目的字体播报,甚至一些花费上万块的顶级礼物会用金色的字体不断在直播间闪耀。而主播看到这类花费重金的礼物,也会特意发表感谢,引来其他人艳羡的目光。小婷也想让王某看到自己刷的礼物,并单独感谢自己,于是她向某网贷公司借了5000元钱,并给王某打赏了一个贵重的礼物。果然，醒目的字体播报后，王某在直播中特意感谢了小婷，其他的观众也纷纷在弹幕里刷“666”。

这种被人追捧、被人艳羡的感觉瞬间让小婷充满了成就感，小婷开始不断向各种网贷公司借钱给王某打赏。王某则每天在微信里跟小婷聊天，每当小婷抱怨生活和学习上的事时，他都会像一个大哥哥一样安慰小婷，鼓励小婷。渐渐地小婷觉得自己仿佛喜欢上了王某，只要王某表示自己最近打赏榜单的排名太低时，小婷都会想办法借钱给王某打赏，就这样前前后后小婷已经借了十几万元的贷款。

网络主播是一种新兴职业，主播们通过网络视频直播间、聊天室，向观众展示自己的才艺，获得用户的欢迎，以及收取用户礼物的形式来获得收入。一些为了获利的主播会在直播中不断暗示粉丝们为他们刷礼物，甚至有的还会私聊粉丝求打赏，隐藏在网络直播中的骗局，就此悄然而生。

网络主播的诈骗方式其实很简单，他们大多利用粉丝对自身的迷恋来促使粉丝为自己花钱。这种迷恋是他们操控粉丝心理来达成的，一般他们会给自己定位成一个“温柔、知心、颜值高”的人，然后投其所好与粉丝交流，满足粉丝某些渴望被关注、被吹捧、虚荣等心理特点。接下来他们会在某些时候暗示或明示自己缺钱，由于粉丝被主播的糖衣炮弹迷惑，很容易在冲动下对主播进行打赏。

知识链接

那些在网络直播的骗局里越陷越深的人，往往都是自己心理出了问题或现实生活不如意。因此防范此类骗局，最重要的一点就是保持良好的心态和情绪。

(1) 树立正确的金钱观念

做任何工作，赚钱都不容易，虽然怎么消费是个人的自由，但一定要有理性正确的消费观念，不要被他人稍一哄骗就头脑发热，肆意挥霍，等醒悟过来,可能已深陷泥潭,为时已晚。

(2)保持良好的心理素质

保持良好的心理素质体现在情感没有缺口,不会产生一些偏激的行为。每个人都要学会适时调理情绪,认清网络打赏需理智、适度、适宜,也不要产生“攀比嫉妒”“孤注一掷”等心理,或沉迷在他人的吹捧中。

(3)防范网络成瘾

沉迷网络主播其实也是网络成瘾的一种表现,我们应该学会脱离网络的虚拟世界,回到现实生活中,形成积极健康的网络使用习惯。同时应认识到在网络上进行的金钱交易存在很大的风险,不要随便给陌生人转账,自觉养成网络安全风险意识。

46.网络交友是否可信?

一天,葛某在微信上收到一条好友申请,一个陌生人主动加了他,葛某也随手同意了。就是这样一个简单的举动,让葛某落入了骗子的陷阱。

加为好友后,对方开始有一搭没一搭地和葛某聊着,偶尔和葛某分享生活上的一些事。一天对方突然跟葛某说自己的生活遇到了一些问题,想要离职回老家,葛某便安慰了对方几句。没过几天,对方对葛某说自己已经离职回老家了,还准备过一段时间就申请去贵州支教,并给葛某发了一些自己以前支教的照片。葛某见对方如此有爱心,也在微信上鼓励对方,两人越发熟悉了。

不久,对方便告知自己已经到了某山区小学支教,还时不时与葛某分享孩子们打闹玩耍的视频和照片,照片里这些孩子们大多衣衫褴褛,上课的教室也非常破旧,一时间激起了葛某的爱心。于是在某次对方跟葛某说起他们小学发起了一项捐赠活动时，葛某毫不犹豫地给对方转了200块，希望可以帮到他们。对方收到这笔钱后，非常感谢葛某，还向他保证会将这笔钱改善小朋友们的生活。

果然，两天后，葛某在对方的微信朋友圈里看到那些小朋友们有了新书本和新书包。从那之后，葛某便时不时给对方转账，用自己的钱资助“山区的贫困学生”，直到警方捣毁了这个专业的诈骗团伙，葛某才知道原来自己被骗了。

如今的通讯工具非常发达，QQ、微信、微博等让人们足不出户便能交到朋友，但这些依靠网络通讯工具维持的友情却存在着很大的不确定性，你压根不知道你交的网友是男是女、多大年龄、什么身份，如果放纵自己与对方继续深入交流，就很有可能上当受骗。

上述案例中的骗局就是陌生网友伪装成支教老师，骗取对方的同情心和金钱。这种骗局几乎没有大的漏洞，骗子为了取信受害者，会提前制定好一套计划，并准备好各种话术和照片素材，具体到每一天如何与对方聊天，聊天的内容是什么。除了案例中提到的支教骗局，类似的还有爷爷茶叶滞销骗局，即骗子以爷爷生病自己回家继承爷爷产业，与二叔打赌卖出多少茶叶才能继承家业，然后请求对方买自己的茶叶。一般受骗者都会出于朋友的身份多少支持一点，却不知自己是被骗了。

知识链接

对于这种网络交友骗局，大家一定要注意防范。不单是防范在网络上给网友转账、汇款，还需防范与网友会面，尤其是女性，更要学会保护自己。

(1)加强防范意识

网络是个虚拟世界，很难去验证别人的身份，网络交流中一旦涉及钱财要求，比如对方说父亲病危，或者家庭困难请你帮助时，你的善意往往会被诈骗分子利用。所以网络交友要提高警惕,慎重考虑。

(2)不随意加陌生人

平时我们在交友的时候,特别是在使用微信、QQ 等聊天软件时,不要去加一些陌生好友。一般这些陌生人加好友是为了达到某种目的,所以即便要加最好也是先进行核实。如果对方以视频或照片来取信你时,千万不要轻信。对于对方发送的一些数据消息,也不要轻易点开,以免手机中毒。

(3)不与网友单独会面

如果网友要求与你见面,最好拒绝,即便想去最好也要找人陪同,不要单独与网友会面。在与网友交流的过程中,不要随意透露自己的家庭信息,注意保护自己。

47.网上的二手货能随便买吗?

小华最近迷上了摄影,他经常用手机拍摄各种有趣的照片。在逛遍各大论坛之后,小华发现手机的拍照系统已经不能满足他的需要了,他迫切需要一台单反相机。但网上的单反相机都很贵。

一天,小华在网上逛二手市场,发现居然有一个人在卖自己心仪型号的二手单反相机,价格却只有全新的一半。激动的小华立即与卖家联系,经过一番讨价还价之后,双方以 4800 元成交。为了避免单反相机有瑕疵,小华还特意提出见面交易,卖家也是满口应允。此时卖家提出要加一下小华微信,方便见面联系。

加完微信后卖家表示虽然约好,但怕小华翻悔不来交易,自己会白跑一趟,要小华先支付一半的款项作为定金。刚刚谈成交易的小华正兴奋着,没有多想,一边反复强调自己不会爽约,一边就把2400元在微信上转给了卖家。激动的小华日盼夜盼,终于到了约定的那天,可是等他到约定好的地点时却没见卖家的身影。小华急忙通过微信联系卖家,发现自己被拉黑了,这才明白自己是被骗了。

随着移动互联网的发展,产品的买卖和交易在二手交易平台上瞬间就能完成,但商品的质量和真假却需要我们自己去把握。二手商品买卖不同于日常的消费购物,卖家往往是个人而非企业,很容易出现“和尚跑了,庙也跑了”的情况。

例如,一些卖家故意引导买家脱离平台交易,买家收货之后找借口向卖家恶意砍价,或是用旧产品改装变成新产品来售卖等方式实施诈骗,除此之外,骗子还会假装发货,但你却迟迟收不到产品;发货途中以其他联系方式让你修改地址等。上述案例中卖家就是加微信骗取买家的定金,隔着网络这层幕布,二手网购交易诈骗常常无往不利。

知识链接

二手网购交易具有很大的风险,眼见不一定为实,需要我们仔细甄别。骗子虽然防不胜防,不过只要一切按照官方要求的流程来走,就能在很大程度上避免被骗。

(1)坚决不在交易平台以外的聊天软件上交流

二手交易平台在介入买卖双方出现的纠纷时,仅认可买卖双方在交易平台的交流软件上沟通约定的内容。如果是用微信或者QQ等其他方式进行交易,二手交易平台则很难维护受害者的权益。

(2)坚决不在交易平台以外进行资金来往

根据二手交易平台资金保障体系规定,在平台上进行商品买卖,资金由平台托管,但凡出现买卖纠纷,可及时介入处理。千万不能随意用第三方支付平台进行转账、打款。

(3)坚决不买价格偏离正常区间的商品

当遇到一些挂出的商品交易价格明显偏离二手商品市场价的物品时,请提高警惕,切勿直接转账交易。可以货比三家或多看看其他人出售的同类商品,不要头脑一热就进行交易。

(4)形成良好的二手网购习惯

留意对方是否实名认证,信用等级是否高。避免第三方通讯软件沟通,直接在交易平台内联系。对方发送过来的交易链接,一定要仔细甄别是否为钓鱼网站。线下交易风险高,如果一定要线下交易的话要选择自己熟悉的地点,在付款前做好检查。收到快递后一定要先验货,确认无误之后再签收。

48.是谁在冒充网络客服?

秦女士由于工作忙,平时没时间逛街,常常会在淘宝上购买一些物品。一次,她在网上购买了几套睡衣,拿到衣服时,却发现衣服的质量非常糟糕,根本不能穿。于是,秦女士马上与卖家联系,要求退货,但卖家的态度十分强硬,不同意退货。

秦女士非常不甘心,无意间她在网上搜到了淘宝网站的客服热线,于是就打了过去,接通电话后,先是一段语音、后是一名客服小姐接的电话,当对方得知了秦女士的购物经历后,表示公司会尽快帮她解决问题,但是按公司规定流程,需要她提供一个银行账号,好退款给她。

在秦女士报出自己的账号后,客服又提出需要她到银行核实一下卡是否处于激活状态,秦女士表示自己的卡处于激活状态,但对方依然坚称需要秦女士到银行核实,并说这是公司的规定。秦女士在证明自己的卡处于激活状态后，客服要她先往指定的公司账户汇入500元，并表示等退货完成后，会立马退还。

秦女士虽然有些半信半疑，但是考虑到是淘宝的客服，应该不会骗自己，就按照对方的要求办理了汇款。然而，钱汇出后，客服却说，公司电脑系统并没有收到汇款，肯定是操作超时了，要求秦女士再汇一次，于是，秦女士又汇了一次。万万没有想到的是，秦女士在汇了钱之后，再次拨打客服热线，对方不是占线就是无人接听。此时，秦女士方知上当受骗了。

事实上，这是“冒充客服”类电信网络诈骗的一种常见手法。“冒充客服”类诈骗主要有三种形式：冒充快递公司客服、保险公司理赔客服；冒充电商平台客服、商家客服；冒充金融监管、银行、网络借贷公司、订餐平台、车辆保险公司客服。

快递、物流、电商交易平台、银行等部门如果出现问题，均不会要求被害人离开平台通过具有转款功能的社交软件进行退款、赔款。此外，绝大多数退款、赔款都是从被害人支付的账户中原路返回，无需被害人在其他社交软件和银行卡中操作，更不会要求被害人通过扫码、点击链接、提供银行卡卡号、银行卡密码、短信验证码等方式进行退款、赔款。常规的退款、赔款会有一个审核阶段，不会要求被害人在短时间内按照指导操作。

知识链接

“冒充客服”类诈骗有以下五类特点：

(1)诈骗分子使用陌生手机号码、固定电话、聊天软件联系被害人。

(2)诈骗分子要求被害人离开原平台，与被害人互加QQ、微信、支付宝等社交软件、发送钓鱼网站链接、二维码等方式进行退款、赔款。

(3)诈骗分子要求被害人提供个人身份证号码、身份证照片、银行卡卡号、银行卡密码、银行短信验证码等重要信息。

(4)诈骗分子要求被害人使用网络 App 借贷软件贷款到支付宝余额后再提现至自己银行卡进行退款、赔款。

(5)诈骗分子要求被害人在短时间内按照指导操作,若耽误时间就无法获得退款、赔款。

49. 如何防范“网银大盗”?

网上银行给大家的生活带来了很多便利,网上购物、理财、转账,只要鼠标轻轻一点,就可以轻松搞定,然而,在高效便捷的同时,也存在着一些安全隐患,稍有不慎,网银账户的钱就有被不法分子盗取的危险。那么,“网银大盗”们是如何诈骗的呢?通常“网银大盗”会采取以下方式进行诈骗:

(1)冒充银行发电子邮件

孔先生在查阅电子邮件时,发现一封银行发来的客户“安全警告”的邮件,邮件的大概内容是:您好!我们是××银行网银安全科,由于您的账号在网上银行登录,输入错误密码次数过多,我们怀疑您的账号和密码被他人盗取。为了安全起见,银行已经冻结了您的账户。请您尽快点击下面的链接,修改银行密码。看完信息之后,孔先生立刻按照上面的要求修改了密码,谁料,他第二天去银行查账时,却发现卡里的 2 万余元不翼而飞。

骗子在行骗时,通常会冒充银行的工作人员,给受害人发送邮件,以银行账户被冻结、银行系统升级等理由,要求受害人点击邮件上的链接,修改密码,以盗取受害人的信息。

(2)利用病毒,盗取密码

一天,杨小姐在查收邮件时,发现一封来自美容院的广告邮件。因为她最近正想办一张美容卡,便打开了邮件,浏览了一下。三天后,杨小姐想在网上订购一瓶香水,在付账时,才发现银行卡丢失了2000多元,此时,她才想到那封奇怪的邮件,肯定是电脑中了病毒,不法分子通过电脑病毒,掌握了她的网银信息,盗取了她的现金。

骗子们通常会利用垃圾邮件等形式,入侵用户电脑,趁机窃取受害人的网银信息,盗取用户网银上的现金。

(3)利用虚假广告诈骗

涂先生生意做得红红火火,最近,他一直想扩大规模,但苦于没有资金。一天,他在百度中搜索贷款后,发现一则"无须抵押、无须担保"的贷款广告。涂先生喜出望外,立马与广告上面的电话联系。对方非常热情,要求涂先生先到银行网点开立一个零余额账户并签约网上银行,提供网上银行签约信息、密码等。

他按照不法分子的要求开立了账户,进行了网上银行签约,并将签约信息、密码等信息提供给对方。对方在获知信息后,立即登录网上银行下载客户证书。之后,对方要求涂先生再开立一个账户,并签约网上银行,存入贷款金额30%的保证金,用于验资。就这样,对方通过网上银行将该账户的资金转走。

这类诈骗,骗子们往往会以小额贷款为诱饵,骗取那些急需资金周转的小企业或者个体户。

通过以上骗局,大家不难发现,其实“网银大盗”并不是有多厉害,他们之所以得手,与受害者个人信息泄露有着密切的关系。

知识链接

在进行网银交易之前,大家首先要确定一下网络环境是否安全,这就涉及安全使用网上银行的问题,具体说来,有以下几点:

(1)查看银行预留验证信息

打开银行网站的界面后,要查看在银行预留的验证信息,核对完验证信息以后,如果是一致,就可以点击确定进行最后的一个密码输入页面,如预留验证信息与你在银行预留的信息不一致,应立即中断交易。

(2)安装正版杀毒软件,定时查杀病毒

进行网银交易的电脑或手机一定要安装正版的杀毒软件,要及时更新,并养成定时杀毒的习惯。在登录银行网站时要直接输入网址,不要在百度上搜索,更不能点击相关的链接。

(3)选择安全的上网场所

在进行网银交易时,最好用自己的电脑进行操作,不要在网吧,或者公共场所内多人共用的电脑上登录网银账号、使用网上银行,不要登录一些技术不完善的支付平台。

(4)转账金额不要设置太高

目前,银行和各类支付平台为保护用户资金安全,对网上转账和网上支付实行了金额限制,用户可根据需要对额度进行控制,将转账金额设置得低一些,即便是遇到了诈骗,也能最大限度地降低损失。

50. 什么是网上投资骗局?

有很多没有经验的创业者在寻找创业项目时都是从网络上寻找机会,然而网络上不仅有好的创业项目,还充斥着不少虚假的信息及骗局。目前,网上的行骗手法层出不穷,投资者必须提高警觉。行骗手法主要有以下几点:

(1)滥发电子邮件

行骗者通过广发电子邮件的方法,撒网捕鱼,而且这些垃圾电子邮件的发件人很难查找,因为发件人可以利用虚假的回邮地址,甚至使用他人电脑系统发出留言。

(2)利用漂亮的网站吸引人关注

骗子们为了能够吸引人们的关注,通常会建一个漂亮的网站,写一些华而不实的文章,贴上一些老外的图片,然后再编造一些假新闻。其实,所有的一切都是子虚乌有。

(3)海外投资骗局

由于互联网没有地域限制,骗子们常常以诱人的利润回报来吸引投资者投资海外市场。事实上,所谓的投资往往都是虚构的,骗子们在取得投资者的金钱后,就会消失得无影无踪。

(4)偷梁换柱

骗子们热衷于偷梁换柱和 PS 技术,比如,冰淇淋机加盟品牌仅仅把国外某著名品牌冰淇淋机的图片换个标,然后就据为己有,放到网站上大肆宣传。一旦有人加盟,骗子们就会以自己拥有的是国外的设备为由,收取加盟者高额的费用。

(5)设置虚假网址和抄袭网站

骗子们可能抄袭证券公司的网站,诱使投资者把款项转入他们的银行账户,或者使用虚假网址,试图偷取证券公司客户的密码资料,间接提走受害人账户的款项。

(6)推高股价

骗子们通过新闻组、聊天室、网上电子刊物或虚构网址,散播夸张的声明及误导的资料,骗子们一旦散伙即不再托高股价时,股价就会下跌,使投资者蒙受损失。

知识链接

投资者为了保障自身利益,应该采取以下措施,防范网上投资骗局。

(1)调查研究要深入

投资者决不能依赖网上的单一资料来源,来判断是否投资,而是应该调查研究,互相引证资料,以发现是否为骗局。

(2)不要妄想一夜暴富

任何投资都需要一段时间才能回报,那些妄想一夜暴富的人是最容易上当受骗的。

(3)不要轻信陌生人的话

不要随便相信陌生人的股票消息,对没有附带可核证的联络资料,便应提高警觉,参考有关投资产品的发售章程、上市文件披露的资料。

(4)确定投资产品是否合法

在有投资意向之后,应联络相关地区的监管机构,核实该产品及发行人是否已获得合法注册。

51. 如何防范网络招聘骗局?

小柳为了能够尽快找到工作,在网上投了不少简历。前不久,他接到一个外地的电话,对方自称是某集团公司的工作人员,说是看过了小柳的简历,觉得与公司的招聘要求比较符合,并给小柳的邮箱发了一份公司简介、职位空缺表和职位申请书,要他填一下,小柳感到一丝惊喜,迅速地回复了应聘表格。

不久,小柳的邮箱又收到一份笔试试题,他赶紧填完发回去。两天后,一个自称是人力资源部经理的人打电话通知他电话面试,面试时间安排在第二天中午12点。第二天,小柳准时接到了对方的电话,一切看起来都很顺利,对方告诉他等通知。

三天后,对方打来电话,让小柳查收答复邮件。小柳迫不及待地打开邮件,是一份入职通知书和员工手册。通知上说,要小柳去广州带薪培训一个月,一听说去外地,小柳心里开始紧张起来,亲戚朋友听说后,也都劝他不要去。后来,小柳按照对方提供的地址查询了该公司,却发现这个公司根本不存在,原来一切都是骗局。

对于小柳的经历,可能有些刚毕业的大学生并不感到陌生,这是典型的网络虚假招聘骗局。这类骗局的实施通常有以下步骤:

第一步,在网上查询求职者信息。根据求职者在网上留下的相关信息,骗子们会先打来电话,自称是某大集团公司,一般公司的名字都很响亮。有时候骗子们会冒用真实的公司名称,有时会打着分公司、人力资源部等旗号,甚至是自编一个根本不存在的公司名。骗子们在打电话给求职者时,通常会这样说:你好,你是×××吗?我们在网上看到你的求职信息,请问你还在求职中吗?如果求职者回答正在求职,他们会说“我会有份招聘的邮件发到你邮箱”,让你报上邮箱,他们核对一下,接着会告诉你一个求职编号,让你牢记。然后他们告诉你明天请查收邮件。或者说:如果对本公司有意,就请在两个工作日内回复本机找××助理。

第二步,准时发邮件。骗子们会准时发邮件给求职者,内容包括招聘岗位、招聘公司简介和招聘流程,邮件正文是需要求职者将个人资料填写完后回邮。

第三步,发来第二封邮件。等求职者回复邮件后的一两天,他们会发来另外一封邮件,一般会是笔试题目和为何应聘,请求职者答完,在一定时间内回复邮件。

第四步,电话通知面试。一两天后,求职者会接到对方打来的电话,要求职者参加电话面试,并告知面试的具体时间,一般会要求求职者自己打过去找主管。

第五步,电话面试成功。电话面试时,对方会问求职者一些面试问题,包括一些专业知识,看起来很全面。面试后,面试官会告诉你三天内答复结果。

第六步,录用通知。两三天后,求职者会收到一封录用邮件,被告知录用,薪资和福利是什么,要求求职者在什么时间什么地点去报到,进行带薪培训,培训后正式就职。

第七步,实施诈骗。求职者到达骗子们说的指定地点后,会有人来接,然后将求职者带到另外一个地方,控制起来,手机被没收,断绝与外界的联系,强迫其进行传销等非法活动,要求家人汇钱来赎人。

以上就是骗子们在网络招聘中实施诈骗的伎俩,如果遇到此类情况,一定要及时拨打110报警求助,切莫上当受骗。

知识链接

面对网络求职的陷阱,求职者应该提高自身的识别能力,从而降低上当受骗的风险。总体来说,网络求职应该把握以下几点:

(1)选择可靠的招聘网站

求职者应尽量选择大型、专业、知名的人才网站进行浏览、注册,这些正规的网站会对招聘单位经过审核,信息可信度较高,而且正规的网站会对个人简历的重要信息做一定程度的保密处理,只有向网站提供合法资质证明的招聘单位才能看到。

(2)识别虚假招聘信息

虚假招聘信息有如下特点:一是招聘单位联系地址不详细或根本不留;二是招聘条件低,工资待遇高。遇到此类招聘信息,一定要小心。

(3)面试时要注意自我保护

正规招聘单位一般都有固定的办公场所,若网上的单位将面试地点选在宾馆、酒店等临时的场地,一定要提高警惕。还有,面试的时间和地点也很重要,如面试安排在晚上,最好不要去,尤其是女生。如对方要求到外地或者偏远的地方面试,在对招聘单位没有详细了解的情况下,切勿贸然前去。

第四章　社区居民防范街头诈骗知识

52. 路边象棋残局能破吗?

小张是一位象棋爱好者,水准颇高。一天,他看见路边有一群人围着下象棋,便也凑了过去。原来是其中一个老头摆了一副残局,吆喝围观的人和他对弈,谁能破了他的残局就能赢200块钱,输了的只用给100块。一位中年人坐到了老头对面和他对弈起来,十分钟的功夫中年人就破了残局,拿走了200块钱。老头不甘心,又新摆了一局,继续吆喝。

这时小张的棋瘾犯了,回想刚才两人的对局,觉得老头的棋艺也不过如此,便下场与老头对弈。可这副残局小张无论怎么走都破不了,最终只能败下阵来,给了老头100块钱。小张从人群出来,只觉得是自己棋艺不精,完全没意识到自己可能是被骗了。

这类路边的象棋残局,大多是骗子用以诈骗钱财的手段。这样的骗局一般由团伙所为,其中一人负责与人"对弈",一人负责当托,先假装赢一盘,诱骗路人也参与进来。一旦碰到输棋不给钱的,他们便用言语挤对,甚至威胁恐吓。至于摆摊的摊主,虽不是下棋的高手,但再高的高手都很难赢得了他们,这是因为残局都是经过精心设计的,且摆局的棋手一般都有一定的水平,和街边摆残局的人下棋,只要他不故意走错,你永远都不会赢。再好的棋手,最多只能打个平手。

其实,在街头摆象棋残局,是自古以来就有的一种江湖骗局,也流传下来多种残棋书或者棋谱,很多残局的局面都是固定的。通常大家乍一看,摆局的人局面处于劣势,赢了他不成问题。实际上,摆局的人有固定的格式,关键的时候,总能出其不意地化解险情。所以,在一般情况下,只要设局的人不乱走,旁人是很难赢得了他们的。

知识链接

要防止被象棋残局骗,只要做到以下两点,就能大大降低被骗的概率。

(1)不凑热闹

骗子在行骗的时候,往往会摇旗呐喊,以吸引人们的注意,有些人因为好奇或者爱凑热闹,凑过去,就让骗子有了可乘之机,因此遇到类似情况,为防止被骗,一定要远离。

(2)不贪便宜

有些人贪图便宜,自我感觉运气还不错,结果中了骗子的圈套。一定要牢记一句话,便宜没好货,好货不便宜,太过便宜必定有陷阱。这样就能大大降低被骗的概率。

53. 碰瓷骗局有哪些套路?

一天,老王在一处很拥堵的路段开车,车速很慢,车开到路口,老王正向右转弯,突然一个老头出现在车前,老王反应不及时,将老头撞倒。老王连忙下车查看,只见老头捂着左腿,说自己腿被撞断了,要老王赔1000块钱。老王是老司机,知道这老头可能是碰瓷的,便跟老头说,车上有行车记录仪,不如叫交警过来定责,再看赔多少钱。老头听后,知道被识破了,赶紧起身走了。

现如今,这类故意和机动车辆相撞,以骗取赔偿的碰瓷行为屡见不鲜。一般情况下,碰瓷的伎俩主要有以下形式,大家可以逐一甄别。

(1)假摔。这是最常见的碰瓷方式,碰瓷的或者开车,或者骑自行车,或者步行,寻找目标。一旦发现有车辆减速经过,便会迅速跟上去碰瓷,故意摔倒装受伤,以实施敲诈勒索。

(2)撞头。几个人在乘坐出租车时,会故意引车经过颠簸、坑洼的路段,在车颠簸时,乘车人中的一个故意将头撞向玻璃,制造头被撞伤的假象,实施敲诈。

(3)坠车。这种敲诈多发生在乘坐三轮摩的时,作案者以两人为主,在三轮摩的行驶过程中,其中一人故意摔下车,以摔伤需要看病为由,实施敲诈勒索。

(4)伺机盗窃。一人故意碰到你,吸引你的注意力,在你与撞车人理论时,另外一人会趁你不备,盗窃你车上的物品。

以上是碰瓷敲诈团伙常用的伎俩,最近几年,碰瓷花样翻新,更加具有迷惑性,比如,低价买来小宠物当托,趁司机不备,故意将其扔到车轮下,谎称宠物被汽车碾死,充当名贵宠物向车主索要高额赔偿。

此外,碰瓷敲诈团伙的分工也愈加明细,比如有人扮演“导演”“演员”以及“路人甲”等,手段也更加先进,足以以假乱真,通过往耳朵里滴入类似血液的液体、吸收习惯性肢体脱臼的成员,使碰瓷更加专业和真实,以达到迷惑人的目的,实施诈骗。

那么、我们该如何识别碰瓷呢?俗话说,万变不离其宗,只要我们掌握了碰瓷的基本特征,就能识破碰瓷人的丑恶行径。

特征一:碰瓷人不愿报警,要求私了。

特征二:只发生轻微剐蹭,但车辆受损严重。碰瓷车通过紧跟目标,只在其变道或者车速减慢时,碰瓷车才会猛踩油门撞上去,与目标车轻微剐蹭,但车子却会发生严重损毁,后以此索取修理费。

特征三:车辆慢行或等红灯的时候,莫名被追尾。碰瓷的车辆通常会开在目标车辆前面,与目标车辆挨得较近,然后找机会紧急制动,造成被目标车追尾的假象。

特征四:碰瓷人撞到车侧面。故意撞车的碰瓷人,多会在目标车辆车速很慢时撞上车辆,且碰撞的地方多在车辆的侧面,被"撞"之后,往往顺势躺倒在车辆的侧面,以避免发生真的碰撞,给自己造成人身伤害。

特征五:碰瓷发生的时间、地点、对象有其明显特征。一般碰瓷多发生在偏僻路段,时间集中在中午、晚间,没有交警巡逻的时候,地点以丁字路口、十字路口转弯处居多,或城区行人、车辆较多的地方。

此外,碰瓷诈骗团伙对碰瓷对象也是有选择性的,通常以中高档车、女性司机、外来车辆为作案的主要目标。

如果出现以上情况,基本上可以判断属于碰瓷。

知识链接

遇到碰瓷者后,最重要的一点就是千万别慌张,及时报警。碰瓷利用的是司机怕麻烦的心理,认为司机不会报警,一旦司机报警,他的伎俩就会被警察识破,自然会选择溜之大吉。另外,还要注意保护现场,搜集证据。在碰瓷发生后,要注意保留好现场证据,并留住目击证人,切勿移动现场。如果事故发生在晚上,不要急于下车,待弄清情况,确认安全后,再进行处理。

总之,大家要记住,在事故发生后,要多留几个心眼,提高警觉性,不给骗子可乘之机。如果能够识破骗局,碰瓷的骗子就无计可施。

54. 谁在骗取你的同情心?

一天小楚和朋友一起出门逛街,在一个广场的街边发现了一个乞讨的小女孩。小女孩浑身脏兮兮的跪在地上,脚边有一个大书包,旁边还有一大段用粉笔字写的话,主要内容是小女孩的父亲身患重病,没有钱医治,母亲是个聋哑人,平时也要人照顾,自己还在读初中,无法负担起家庭的重任,现在父亲即将动手术,希望好心人能够帮助她渡过难关。

不少路人见到小女孩的悲惨遭遇,都纷纷伸出了双手,有的给她买了食物和水,有的给了小女孩一些钱,小楚和朋友也觉得她很可怜,于是把身上仅有的几百元现金给了小女孩。

一周后,小楚在和朋友再次路过此处,又看到了这个小女孩,此时的她依旧跪在路上,但是脚边的大书包没有了,旁边的一大段粉笔字写的故事也变了,不再是父亲身患重病,而是自己没有钱读书,希望好心人资助她继续上学。小楚和朋友这时才明白,原来小女孩是个骗子。

这种街头求助骗局具有很多衍生版本,有父母重病求医的、外出打工求好心人资助回家路费的、钱包被偷身无分文请求帮助的、没钱上学请求众筹的,等等,无论是哪种,骗子都会编造出一个闻者伤心、见者流泪的故事来博取人们的同情。看似这些人好像生活非常困难,但实际上他们根本就不缺资助,反而能通过这种变相的乞讨“赚”个盆满钵满。

知识链接

如果大家遇到类似情境不知如何处理时,可以从以下几点入手:

(1)注意仔细甄别

随着社会发展,生活水平提高的同时,社会上的乞丐越来越少,大多数流浪者会被送往社会救助站,经由社会救助站无偿地帮助他们,所以遇到街头求助乞讨的人员时，一定要注意仔细甄别。

(2)学会理性看待

很多人由于生性善良，思想单纯，面对这些骗子编造的各种悲惨身世容易深信不疑，而骗子正是抓住人的这种心理，因此大家一定要理性看待那些故事，不要被感动冲昏头脑。这些骗子编造的故事大多数有很大的漏洞，仔细思考一定能发现。

(3)了解国家相关救助政策

我国对一些需要帮助的人有一系列的救助政策，例如残疾人、流浪者、失学儿童等都能接受有效的帮助。同时以个人名义进行募捐活动是违反相关规定的，能够组织募捐的只有红十字会这类公益机构，因此打着需要帮助的旗号请求募捐的人大多数都是骗子。

55. 手机能轻易借给陌生人吗？

一天，肖某下班回家，他像往常一样在站台候车，车子迟迟不来，肖某觉得无聊，于是拿出自己的苹果手机准备听歌。这时，一名年轻女子朝肖某走过来，拿出同样的手机对他说："帅哥，你的手机能借我用一下吗？我迷路了，而且手机没电了，想借你的手机给我朋友打个电话，让他来接我。"

肖某看着这名年轻女子，感觉她没有恶意，又想着现在是大白天，她应该不会抢自己的手机，大概真的是需要借手机打电话，于是就把手机借给了她。该女子通完话后对肖某说："我朋友过十分钟就会来接我，就在下个路口那里，你能不能陪我一起去等一下，我怕我还要用你的手机联系。"肖某虽然有点担心，但心想帮人帮到底，于是同意了。

不久，肖某的手机铃声响起，该女子接过电话，对肖某说道："帅哥，真的是谢谢你，我朋友就在对面，我现在过马路去找他，还要麻烦你等一会儿。"肖某点点头，只见该女子一边打电话一边过马路，渐渐越走越远。在原地足足等了二十分钟后，肖某才意识到自己上当了。

借手机骗局是一种最常见且成功率颇高的骗局，骗子往往会将学生、老年人、中年妇女等作为目标人物，行骗的方式有以下几种：

（1）金蝉脱壳

如果你答应借手机后，骗子会假装拿你的手机去找朋友，如果你不放心的话他会把他的手机给你，事实上那只是一个模型机，最后你怎么等也不会等到他出现。

（2）溜之大吉

骗子可能开着汽车停在你身边，借口说没电或者说导航问你借手机，一旦你把手机递上去之后，他一踩油门就跑了。

（3）装傻充愣

骗子拿到你手机后可能会装模作样地打电话，然后边打边走，打完顺手就把手机放自己兜里并伺机溜走。如果你没追上，手机就没了；如果你追上了，骗子就会狡辩说以为用的是自己的手机。

（4）团伙作案

这种方式的危害最大，几乎等同于抢劫。一般骗子会先派出一个人借手机，得手后其他骗子会在周围干扰受害人追回手机；或者以借手机为障眼法，另一些团伙趁机偷受害者的钱包等财物。

知识链接

如果在马路上遇到向你救助的路人，比如问个路，借个手机打电话应急之类的该怎么办？很多人可能会出手帮忙。于是有的骗子就利用人们的同情心以及缺乏防备心理进行作案。面对这类骗局，大家可以从以下几点来防范：

(1)不要轻易将手机借给陌生人

如果你能确定借手机的人不是骗子，可以借，反之不借；如果没有能力辨别，无论是否是骗子都不要借。如果觉得对方真的需要帮助而自己不想借手机，可以让他们去借用商铺固话。如果附近有派出所或者岗亭，可以让他们向民警、工作人员求助，切勿轻信对方。

(2)别让骗子接触你的手机

如果你打算借手机，有一个方法可以保证安全，那就是不让陌生人接触自己的手机，由你来打电话，这样即便是骗子也没有下手的机会。前提是，周围环境不是那么嘈杂，附近没有可疑的人。如果遇到团伙作案的话，一定要毫不犹豫地远离，不可纠缠。

(3)保持清醒的头脑

要有一个清醒的头脑，遇到陌生人搭腔要有防备心，不为骗子的花言巧语所迷惑，对于陌生人的借手机、借钱、帮充话费等行为一定要提高警惕。

56. 免费抽奖是真是假？

“免费领福利了，送充电宝还可以免费抽奖，来试试运气呀……”一天，小齐在街头行走时发现有两家免费抽奖的门店，熙来攘往的行人都是他们招揽的目标。当小齐经过时，一个工作人员拦住他，说免费送充电宝。听到免费赠送，小齐有些心动，于是停下脚步与对方聊了几句。对方很热情地介绍门店里还有免费抽奖活动，小齐心想反正不要钱，不如试一试。

进入店里,小齐看到不少人都在参与抽奖。根据规则,一共有 9 个号码,1 ~8 号分别对应金镶玉、手机、平板电脑等奖品,抽到 9 号则需要花 199 元购买一盒号称原价 299 元的茶叶。见小齐有些犹豫,工作人员告诉他,就算抽到了茶叶也不要紧,如果继续抽奖,不但之后抽到的奖品会送给他,购买茶叶的钱也会退还。

小齐等了一会儿,见有人确实抽到了茶叶,也确实退了钱,加上工作人员不断怂恿鼓动小齐,于是他也参与了抽奖。可万万没想到的是,小齐连续三次都抽中 9 号,工作人员上前要求小齐花钱买下这些茶叶,小齐哭丧着脸说:“我不想买这么多。”工作人员不依,逼着小齐转账,不然就不放小齐离开,没有办法的小齐只好自认倒霉,乖乖转账,最终支付了将近 600 元。

免费抽奖是骗子常用的一项诈骗手法,被骗者往往抱着“反正免费,不如试一试”的心理,结果一试就出了问题。骗子利用的是一部分人喜欢占小便宜的心理,先是打出“免费”的旗号,吸引路人参与;再是营造“抽到奖品”的假象,激发他们“有利可图”的心理,从而一步步将其套入其中。

上述案例中这个团伙实施诈骗的方式其实很简单,他们事先在抽奖箱里面全部装上 9 号,然后让其他人来抽。而为了让抽奖更加可信,他们会设置一些托儿,让托儿事先在身上装上其他号码,伪造出一种抽到其他奖品的假象。所以无论小齐怎么尝试,抽到的始终都是 9 号,跟手气没有任何关系。

知识链接

随着骗子诈骗手段的层出不穷、花样翻新,大家在识破抽奖骗局方面确实存在一定的难度,为了防止被骗,大家可从以下几点入手:

(1)遏制住自己的贪心

抽奖这样的字眼,极容易蛊惑人心,尤其是抓准时间节点的骗局,以及高额的奖金或者丰厚的礼品,更能打破人的心理防线,从而将防范丢到了一边。故此,戒贪必须排在第一位。

(2)增强防范意识

没有无缘无故的抽奖活动,一般抽奖都需要顾客在消费后才能参与抽奖,而且抽奖的奖品一般价值不高,因此像上述案例中的免费抽奖明显就不符合常理。对于这种轻易就中奖的情况大家一定要小心警惕,如果没有时间查验真伪,可以上网搜索是否有相关的骗局案例,减少被骗的概率。

(3)学会识别抽奖骗局

大家应当掌握识别骗局的方式,可以从这几个方面来观察:一是抽奖是否需要你购买奖品,如果需要你额外出钱来购买礼品的,很大概率就是骗局,不要理会;二是观察抽奖地方,如果是在街头,或是抽奖店内没有其他销售的商品,纯粹是为了抽奖而抽奖,那么这个抽奖活动一定不正常,应当远离。

(4)意识到被骗后要及时报警

如果不小心落入圈套,不得不出钱购买抽奖奖品,记得不要乖乖付钱或转账,应直接报警处理。

57. 如何防范义诊骗局?

在多数人心中,义诊是一个温暖的词,是由正规医院结合社区服务,结合上山下乡,在各种节庆、纪念日等举办的大型活动。然而,在经济利益驱动的今天,义诊也变了味道,有些骗子专门以"义诊"设骗局,骗取人们的钱财。以下就是骗子们常用的骗人伎俩,大家应该注意防范。

(1)专门骗中老年人

打着义诊旗号的骗子们行骗的主要对象是中老年人,这是因为中老年人身体上或多或少有些小病小痛,看病心切,防范意识也相对薄弱,再加上中老年人经济上相对宽松,心地善良,耳根又软。所以,一些保健品、药品经销商便在老人聚集场所举办各种各样的“义诊”,目的是高价兜售他们的药品、器械。为了增加老人对“义诊”的信任度,还常以“服务老百姓”的名义与居委会或小区管委会接洽联系,骗得居委会或小区管委会的信任,帮他们进行宣传。

(2)打温情牌,刚开始忌讳说钱

工作人员在散发宣传单时,往往会强调用的是国际先进仪器,且是免费的,到大医院去检测要花费几百元,这是“义诊”常用的骗人伎俩。除此以外,免费赠药也是一个重要手段。“义诊”多采取先用后买等方式,赠一两天的药给老人,并告诉老人用后感觉有效再买,以消除老人戒备心。等到真正购买时,常常会告诉老人要想达到实际效果,需要用四五个疗程的药,诱骗老人多买,等到老人服用两三个疗程,发现购买的产品没有效果时,“义诊”组织者早就不知去向了。

(3)花钱雇托儿

“义诊”组织者常会花钱找人做托儿,现身说法,从而达到诱骗老人促销的目的。有的“义诊”组织者甚至花重金雇医生,医生满口的专业术语,让人放心,但实际上,他们的主要目的还是卖药。

(4)所谓的“药品”,多为保健品

多数情况下,“义诊”卖的不是药品而是保健品。按照有关规定,保健品是不能宣传疗效的,它只能起到辅助治疗的作用。“义诊”将保健品说成是既滋补又治病的良药,甚至还能“包治百病”,这完全是欺骗。也有的“义诊”组织,卖出的多是没有国家批号、没有正规生产厂家的假药,安全性都很难保证。

知识链接

目前，一些不法分子打着“义诊”的招牌，进行行骗，要防范此类骗局，大家应该学会区分什么是真义诊，什么是假义诊，两者的区别主要表现在以下方面：

(1)假的“义诊”会用无证或违规广告扩大宣传。

(2)真的“义诊”不从事商业活动，目的是看病救人。

(3)正规医院不设专人介绍医生的医疗水平，只有假的“义诊”才会大肆宣传医生的医疗水平，以蒙蔽人。

(4)合法医疗机构应该持有有效“医疗机构执业许可证”的证件。

58.路边推销能不能信？

小陈与朋友相约骑车出门玩，在路过文化宫时突然被一名操着外地口音的男子拦住，他称自己是一家物流公司的职员，车上有一辆价值不菲的高档名牌山地自行车，厂家在发货时多出来一辆，想低价卖些钱花。

一通话说得小陈心动不已，正好小陈早就想换掉自己骑的这辆山地车，于是问道：“那你卖多少钱呢？我手头没那么多钱啊，太贵了我可买不起。”该男子见小陈有想要买的意思，于是报了一个价：“800元，低价卖给你。”听完这话小陈摇摇头：“太贵了，我现在没这么多钱，买不起。”转身便准备离开。该男子连忙拉住小陈：“哎哎，别走啊，还可以商量嘛！我可以给你再打个折，我看你骑的这个车也是个品牌，不如你把这个车抵给我，以旧换新，再加200元，我这个新车给你。”

小陈想了想，200元自己现在还是可以拿出来的，而且以旧换新也挺划算，于是就答应了交易。小陈刚付了钱，该男子便转身将小陈的车收走，然后从车上拿下一辆山地车，只见车辆是大部零件折叠放置在封存袋内，还没有完全拼接好，该男子称要自己组装。不等小陈回应，该男子立马上车，一脚油门开车走了。小陈回去把车拼起来后，发现缺了好几个零件，而且仔细看，会发现许多零件并不是新的，这时小陈才意识到自己上当受骗了。

路边推销骗局常利用某些人贪小便宜的心理，当骗子爆出“打折”“低价”“亏本甩卖”等词汇时，有些贪小便宜的人便有很大可能会为该产品买单。这种骗局常有以下几种类型：

一是强买强卖，即硬拉客户来体验，客户体验完就得买单。

二是低价兜售假冒伪劣商品，即一开始将产品吹得天花乱坠，当你付款买下产品后，才会发现拿到的是某些贴着名牌商标的假商品，或是质量有问题的劣质品。

三是偷梁换柱，即给你看的是真货，你买到手的也确实是真货，这样可以打消你的疑虑，然后趁你不注意时给你换成假的，等你回家之后打开一看，才发现东西早就被掉包了。

知识链接

由于这些路边推销的骗子具有良好的口才，往往你还没决定要不要买时就说服你买下了该产品，大家遇到这类街头推销时，可以从以下几个方面入手：

(1)拒绝路边推销人员

当我们走在路上时，如遇到这类推销产品的人员，不要管人家是不是骗子，一律远离，例如可以面无表情地走过，或者一言不发不理睬他，尤其要警惕那些向你套近乎的陌生人。

(2)不要被洗脑

可以问问自己现在是否真的需要这个东西，不要听对方说什么，因为那样很容易被话术套住，让自己迷失宝贵的主观判断力。如果不需要，就果断拒绝，不能有一丝一毫地犹豫，因为你只要犹豫，骗子就会顺着你的犹豫继续向你推销产品，达到洗脑的目的。通常情况下，路边推销的一些商品绝大多数是我们完全不需要的，因此采取这种方式能够让自己保持理智。

(3)买东西之前货比三家

如果推销的产品是自己真的需要的，这时就要考虑产品的真伪了，同学们可以从网上搜索同类产品，看它的价格和样式是否与推销的产品相差较大，如果相差较大，那么一定是假货。如果与网上的价格相差不大，样式也是一样，自己又很需要这件商品，建议不要立即购买，可以过一段时间再来看，因为真的产品一般固定地点销售，而骗子则会流动摆摊。

59. 如何防范火车站接人骗局？

由北京开往广州的列车刚刚到站，来广州洽谈业务的刘先生刚下火车，就接到自称是广州公司李总派来接站的小王的电话。通话后不久，刘先生就看到有人举着一张“接北京刘×”的牌子。刘先生很是高兴，走上前去，接站的小王非常热情，嘘寒问暖了一番之后，主动提出要替刘先生背包，刘先生欣然答应。

刘先生跟随小王来到火车站出站口，“刘总，不好意思，公司派的车在路上出了点毛病，只能委屈您乘坐地铁了。”小王说完之后，就提出去买票，就此，接站的小王一去不复返，刘先生的行李包被骗走了。

看过这个案例之后，可能很多人会大惑不解，骗子怎么知道刘先生的手机号码？怎么知道刘先生的准确行踪呢？通常实施这样的骗术，少不了以下步骤：

第一步：获取受害人的电话号码。在火车站出站口，骗子会观察那些举着接站牌的人的言行，通过偷听，以获取所接旅客的电话号码，以及旅客的大概情况。

第二步：抢先接客。骗子在获得相关信息后，会马上制作好接站牌、购好站台票进入车站，抢先接到旅客，并以接站者身份和偷听的大概情况来获取受害人的信任。

第三步：实施诈骗。骗子在取得受害人信任后，通常会以帮受害人拿行李，或出了车祸，需要向受害人借钱等手段行骗。这时，很多受害人都会碍于情面，同意帮忙，然后骗子就会拿着旅客的行李、财物，伺机逃之夭夭。

除此之外，火车站里还会遇到下面几种常见的骗局：

(1)火车站卖手机

骗子们会找一些疑似外地人兜售一些市面上的最新款手机，就连苹果手机一般都只要几百块钱。往往在付出几百块钱后，得到的并不是真品手机，而是一些手机模型。只是他们给你看的那个是真的，到你手上的那个其实是被调换了。

(2)乞讨陷阱

一般会用一些长相清秀的女孩子来和你说自己的钱被偷了，先和你借点钱买车票，加微信回家后就马上还给你。结果没过五分钟就被拉黑了。

(3)冒充工作人员

这些人会穿着制服，拿着对讲机和真的工作人员没有区别。他们通常会以可以帮你拿到内部票为由，帮你买票，不过他们拿到钱后就跑路了。

(4)黑旅店陷阱

每次到火车站附近就会有人问你要不要住宿,对于这些人最好不要理睬,不然他们可能会把你带到一些坏境脏乱的黑旅店,而且还可能会以某些事情为借口,从而实施敲诈。

知识链接

为了避免此类骗局,我们到异地出差或旅游时,碰到接站人和互不相识的人时,一定要事先和亲戚朋友联系好,问清接站人的姓名、相貌特征以及穿着打扮。如果碰到不熟悉的人借钱借物,一定要委婉拒绝,以免因为好面子,造成财务的损失。

60.路边黑车能不能坐?

某日,小陈下班赶着回家,准备在路边拦一辆出租车回家,但出租车迟迟不来,手机也叫不到车,小陈等得十分焦急。这时一辆小轿车开到小陈旁边,司机师傅操着外地口音,对小陈说:“小姑娘,坐车吗?”小陈警惕地看了一眼,没有理会。司机不遗余力地继续推销:“去哪里?坐我的车呗。”小陈确实等得有点焦急,于是问道:“悦汇广场,去吗?”“去啊,15元。”司机回答道。

小陈还有点犹豫,想着要不干脆就坐这个车吧,还没等小陈决定好,旁边突然冲出来一个女子,快速地上车,对司机师傅说了一句:“去悦汇广场。”小陈一听是跟自己同样的地点,本来还有点担心,现在看到有另外的乘客和自己同行,于是也立即上车,对司机说:“我也去那里,和这个美女一样的目的地。”那名女子看了小陈一眼,没有开口拒绝。

等到车子行驶了十分钟上了高架桥之后，司机忽然开口对小陈说："小姑娘，这路看起来有点远啊，15 元不够，你得加钱啊。""你之前不是说只要 15 元吗？"小陈反驳道。"那是之前，你要是不加钱，我就把你扔高架桥上了。"司机师傅露出了凶恶的嘴脸。

小陈摄于司机师傅的气势，不敢反驳，最后给了 100 元才脱身，而在俩人讲价的过程中，那名先前上车的女子不仅一言不发，司机师傅从头到尾也没有开口向她要钱，等到下车后，小陈才意识到自己被俩人骗了。

"黑车"由于没有运营的资格，同时司机身份复杂，素质参差不齐，因此常出现一些"黑车"司机宰客的事件，下面披露"黑车"惯用的几大欺客伎俩，希望引起大家的警惕。

(1)漫天要价

即上车前说好多少钱，等你上车后开到一半临时加价，你不同意就半途将你抛下。

(2)伪造出租车

一些"黑车"司机为了拉到更多的客人，避免被人怀疑是"黑车"，常常伪造成出租车的样子，并且伪造计价器，提高里程数，收取更多的路费，同时开给乘客的发票也是假的，给乘客后期报销造成困难。

(3)暴力威胁

"黑车"司机暴力胁迫乘客必须支付高额的路费，如果乘客不同意或者反驳，"黑车"司机可能会采用殴打等暴力行为达到目的，女性可能还会遭到司机的猥亵。

(4)使用假币

一些"黑车"司机会在乘客付费时表示不能用电子支付或刷卡，必须使用现金，然后找零时故意将假币换给乘客，即便乘客后期想要投诉，也根本找不到人。

(5)实施抢劫、拐卖

还有不少“黑车”司机并不以载客为主要目的,而是打着揽客的名义作案,先将乘客骗上车,然后将乘客带到偏僻的地方实施抢劫,或是直接将人拐卖。

知识链接

虽然现在出租车、网约车行业越来越规范,但在一些偏远的地方仍有不少黑车运营,防范黑车骗局,可以从以下几点做起:

(1)外出时尽量避免靠近人烟稀少的地方,以免犯罪分子有机可乘。告知家人朋友自己的位置,让他人知道自己的行踪。

(2)尽量选择正规的出租车或网约车,不要图方便搭乘没有安全保障的“黑车”或陌生人的车,也不要与陌生人拼车,这样能降低危险系数。夜间打车记得开窗,尽量坐后排座位,随时注意行车路线,一旦发现不对,及时拨打110报警。

(3)保持冷静机制。如果误入“黑车”,谨记沉着冷静,随机应变,与对方斗智斗勇,机智逃脱,千万不能惊慌失措。

61.为啥永远猜不中?

在集贸市场附近、车来人往的十字路口,偶尔会看到一群人围在一起,吆喝声、喝彩声此起彼伏,吸引着过路人的注意,如果你好奇走进去,参与其中,就可能成为受骗者,这就是经常出现在街头的猜物骗局。一般情况下,猜物骗局主要有以下几种形式:

(1)瓜子猜单双

瓜子猜单双的赌局:一把瓜子、一个竹节罐、一张台布,台布中间写着“瓜子猜单双”的字样，布上有两个大圆圈，分别写着单号、双号。参赌的人认为是单数就将钱放到写有单数的圆圈里，认为是双数就将钱放在写有双数的圆圈里，然后等着骗子开单双。一般在开始下赌之前，骗子会让参与者赢一部分钱，然后，突然风向大变，让参与者输得血本无归。可能很多人都觉得奇怪，不就是猜个单双吗，按理说概率应该是50%，怎么会输得那么惨呢？而且有时候在下注之前，明明看到是单数，为什么开了之后，就变成双数了呢？

实际上，以瓜子猜单双数是一种街头诈骗术，这里面暗藏着玄机。骗子一般都是由望风的、吆喝的几个托组成团伙来进行诈骗，骗子用瓜子设赌局行骗，秘密就在一枚“铁瓜子”上。骗子将瓜子撒入竹节罐中扣好后，让参赌人押钱猜单双，如果参赌人猜单，而罐中恰好是单数时，骗子便将吸在戒指磁铁上的一枚“铁瓜子”偷偷扔入罐中。如此，便可控制瓜子的单双，而这枚“铁瓜子”从外表上看，和其他瓜子没有什么区别。

（2）猜红、蓝铅笔

骗子一只手里拿着红色、蓝色铅笔各一支，另一只手里拿一张一元或五元的纸币，骗子将纸币折成约2厘米宽的长条，对折后套住其中的一支铅笔，另一支铅笔和被套住的铅笔并齐，并迅速用纸条将两支铅笔都卷起来。然后，骗子捏住纸币的开口端，让路人猜被套住的是红色铅笔还是蓝色铅笔。通常骗子起初会让参与的人赢一点儿钱，以刺激他更强的赢钱欲望，但是，当参与者押更多的钱时，就必然会输。

这种猜红、蓝铅笔的行骗术，其奥秘就在套铅笔的带子或者纸币条上，骗子可以从不同方向伸开纸币条，从不同方向解开后，套住的就是不同的铅笔，不知里面猫腻的人，肯定会猜错而上当受骗。

（3）押圆环猜硬币行骗

骗子事先准备三个手镯样的圆环，其中一个罩住放在红纸上的一枚硬币，然后将三个圆环盖上盖子，在红纸上不停移动，让人猜硬币在哪个圆环内。围观者很容易看清硬币所在的圆环,但押下钱后,骗子揭开圆环上的盖子,硬币却不见了。

押圆环猜硬币行骗的奥秘就在于这些圆环中的一个或者两个,底部贴上了与大张红纸一样的纸,有时候硬币是被夹在两层红纸之间。围观者明明看见了硬币所在的圆环,但揭开盖子后,硬币却因为被“夹层”覆盖而看不到了。

知识链接

以上我们介绍的街头骗术实际上并不高明,而且如今在城市已经很少看见,但在广大农村等偏远地方,仍屡见不鲜,受骗的人不断出现,这是为什么呢?

一是因为骗子的手法娴熟、速度快,使人们在眼花缭乱中辨不清真假,从而上当受骗。

二是骗子分工合作,配合得天衣无缝,有操作的,有当托的,有收钱的,分工明确,足以以假乱真。

三是受骗者贪图小利,很多受骗者都抱着发笔小财的心理参与其中,从而给骗子可乘之机。

62.“捡钱分钱”能相信吗?

王某一个人走在路上,突然一个陌生的男子从他身边擦肩而过,在他的前方掉下一个鼓鼓囊囊的信封,里面似乎装的全是钱。这时,另一名男子立马过去从地上捡起信封,放进自己的口袋,并对王某低声说:“别吭声,走,咱们找个偏僻的地方分钱去。”

天上掉下了馅饼,自然是件高兴的事情,又遇到这么一个慷慨的主,愿意分钱,很多人会在此时迷失方向,被小的恩惠蒙蔽双眼。王某和捡钱的男子来到一处偏僻巷子,正准备分钱时,丢钱的男子突然出现,他向捡钱人询问是否看到他丢的钱,捡钱的男子没办法,只能如实说出自己捡到了钱,并将钱袋交给他。

男子打开信封后,却发现钱少了,非要说是王某和捡钱的人私吞了,并声称要报警。捡钱的人马上说好话,并把王某拉到一旁说:"咱们自认倒霉吧,你看他少了1万元,你我平分,一人赔他5000元吧,要是他报了警,也说不清啊!"王某只能自认倒霉,分钱不成,反倒赔了钱。

这类诈骗多发生在街头或银行等公共场所,一个骗子故意丢失似乎装了钱的信封,另一个骗子拾起信封后,先向受害人示意别吭声,然后将他带到偏僻的地方分钱,这时,丢钱的骗子就会出现。他们对受害人行骗的方式通常有两种,一种是声称钱少了,要求赔偿。另一种是捡钱的人将信封交给受害人,要他帮忙藏好,然后再让受害人押点钱或值钱的东西给他,待事后分完钱之后归还。受害人受到诱惑,甘愿拿一些物品作抵押,而实际上信封里面往往装的是假钞或者冥币。

知识链接

"捡钱分钱"的骗术谈不上高明,之所以会有人上当,就是因为骗子看中了某些人爱贪小便宜的心理,从而有了可乘之机。"捡钱分钱"是典型的街头诈骗术,此类骗术的实施一般分为以下三个步骤:

第一步,捡钱。骗子在路上捡到钱后,会故意引起周围人的注意,为下一步诈骗的实施做好准备。

第二步,分钱。捡钱的骗子在发现有人看到他捡钱后会主动凑过来,提出与人分钱。

第三步,骗钱。在分钱之时,丢钱的骗子会立马出现,实施诈骗。

63. 如何防范贼喊捉贼的骗局?

一天下午,小圆乘坐地铁回家,刚进入地铁便感觉有人贴着自己,小圆回头看了一眼,没发现什么异样后便没怎么在意。这天的车厢十分拥挤,地铁刚行驶便听到有人大喊:“我的手机被偷了!”一时间大家都紧张起来,下意识地检查自己的财物,看有没有遗失。忽然有一个乘客说道:“地铁才刚启动,说不定小偷还在车厢里。”“对对对,可以给你的手机打个电话,谁的身上有铃声,谁就是小偷!”另一个人附和道。

“失主”听到这话,马上镇定下来,向旁边的一位乘客借手机给自己的手机打电话。马上,铃声响起,大家都在找这个铃声的来源,最后锁定在小圆的书包里,小圆顿时被大家的目光锁定,仿佛他就是那个偷手机的人。

“不是我,我没有偷你的手机。”小圆立即开口说道。“那你怎么解释我的手机在你的书包里。”“失主”反问。“我……我……我不知道,但我真的没有偷你的手机。”小圆都快吓哭了,完全不知道该怎么办。

“失主”拉过小圆的书包,将自己的手机翻找出来,恶狠狠地对小圆说道:“就是你偷了我的手机,你还不承认,走,跟我去派出所!”刚才出主意的人也附和着说要将小圆送到派出所,一群人在地铁到站后把惊慌失措的小圆“押”下了车,并以报警相威胁,要求“私了”。百口莫辩的小圆只好赔给对方200元钱才得以脱身。

很显然,上述案例中的小圆遭遇了一起诈骗案,骗子先在小圆上车时故意将手机放在小圆书包里,然后由一人假装失主,给自己手机打电话锁定小偷,令受害者小圆百口莫辩,最后以报警威胁小圆“私了”,被吓到的小圆此时完全没有了主心骨,只能任由骗子摆布,最后赔偿200元了事。

这种“贼喊捉贼”的诈骗手段，其作案时间多选在白天上下班高峰时间，作案地点一般为人群拥挤的公共汽车或地铁上，侵害对象多为独自乘车的乘客。作案人员一般为团伙作案，像小圆遇到的那几名出主意的乘客就是同伙。

知识链接

这种“贼喊捉贼”的诈骗把戏实在是令人痛恨，骗子不仅骗了小圆的钱，还污蔑小圆偷窃。相比其他诈骗手段，这类骗局简直是让人防不胜防。对此，大家可以从以下几个方面入手来保护自己。

(1)指纹破局

大家如果遇到这种说不清楚的情况时，可以选择用纸或者其他东西包裹住手机，然后大声要求报警去做指纹鉴定，自己没有偷手机便绝不会留下指纹，通过这样的方式能够洗清自己的嫌疑。

(2)报警处理

遇此骗局，大家不要过分担心，千万别选择“私了”，可以选择求助地铁工作人员或拨打110报警，最有效的办法就是报警处理，这样即便你不小心把陌生的手机拿起来留下指纹，报警后警方也会有办法处理，而且现在公交、地铁上都有摄像头，只要调取监控，一切自然真相大白。

(3)保持冷静

遇到这种“贼喊捉贼”的把戏时，大家一定要保持冷静，努力寻找突破点智取，不要被吓到，最后任由骗子摆布。

(4)乘车保持警惕

大家在乘车时或在人群密集的地方，一定要警惕周围的人，注意将书包背在前胸，以免被骗子栽赃陷害或遗失财物，当感觉有陌生人向你靠近时，一定要注意警惕，随时查看自身物品。

64. 有哪些利用 ATM 的骗局?

这几年,犯罪分子利用 ATM 诈骗的犯罪越来越多,其常用手段有假吞卡 + 盗取银行卡信息 + 盗取密码 + 复制假卡、贴假布告或是冒充热心人帮助等基本模式。下面我们就来说一说 ATM 犯罪的常用手段及防范措施。

(1)在 ATM 旁边张贴假布告

不法分子冒充 ATM 管理单位,在 ATM 上张贴紧急通知或公告,让用户把资金转移到其指定的账户上,或注明用户需按一些提示进行操作后才能取钱等。只要持卡人按照不法分子的指示操作,就会上当受骗。

针对此类诈骗,大家应该明确一点:银行或银联一般不会张贴要求转账的布告,即使 ATM 出现故障,ATM 界面会打出类似"系统故障,停止服务"的提示语,或张贴因某种原因,ATM 暂时停机的通知。

(2)堵塞出钞口

不法分子安装特制的装置,使 ATM 不能正常出钞,将 ATM 送出的钞票卡住,使持卡人以为机器出了故障而离开,不法分子借机盗走现金。另外,不法分子也会在堵塞 ATM 出钞口,造成 ATM 故障之后,以银行、银联或公安等名义张贴虚假告示,称"如在办理业务中出现异常情况,请与电话×××××××联系"。当持卡人打电话咨询时,接听电话的不法分子以保全资金为由,诱骗持卡人将银行卡资金转入指定账户。

提醒大家,使用 ATM 取款时如遇类似情况,一定要查询卡内余额,如果发现钱已出账,切不可离开,应立即拨打银行客服电话进行联系,或者拨打 110 报警。

(3)制造吞卡假象

不法分子利用专门的工具,使客户的卡不能正常读写和送出,让取款人误以为是吞卡。等取款人离开后，犯罪分子将插卡口内的磁卡取出，盗窃银行卡内现金。

在此提醒大家，一般正常的吞卡，机器会打印出吞卡凭条，屏幕也会提示吞卡，持卡人要保管好吞卡后 ATM 打印的凭条，携带个人有效证件及时到所属银行网点领回卡，并更改取款密码。

（4）安装假键盘盗取银行卡密码

当持卡人把银行卡插入 ATM 插卡器后，按步骤输入密码，屏幕会显示“此卡被银行保管”等字样，使操作无法正常进行，遇到这种情况，很可能是不法分子将假键盘放到了真键盘上。

提醒大家、使用 ATM 取款时，应仔细检查 ATM 表面各部分颜色、痕迹和装置等有无异常，确认后再进行操作。

（5）安装监控取款设备

不法分子直接在 ATM 上安装针孔摄像头，或利用高倍望远镜在距 ATM 不远处窥视，在获得持卡人取款密码后盗取现金。

针对这类诈骗，大家在使用 ATM 存取款前，应先留意机身是否异常及周围是否有可疑附加物，一旦发现，立即拨打 110 或银行服务电话。

（6）安装假刷/插卡槽盗取银行卡信息

不法分子在自助银行的门禁系统或是 ATM 上安装信息读写装置，盗取持卡人的银行卡资料后，复制银行卡，再利用伪造的银行卡盗取卡内现金。

针对这种情况，大家在使用门禁系统或取款时要注意观察有无多余设置，通常不法分子加装的假插卡槽与原有的门禁系统或插卡槽相比要大，且不牢固。

（7）冒充好心人

不法分子趁取款人在 ATM 查询或取款操作时，冒充好心人，转移取款人注意力，借机换掉取款人的银行卡。

提醒大家，在操作ATM时不要转移注意力；不要轻易接受“热心人”的帮助，有问题直接向银行人员咨询；被人转移注意力时，应用手捂住插卡口，防止发生意外。

知识链接

不可否认，银行卡确实给我们的消费带来了很大的便利，但同时也存在着一定的风险，提醒大家，在使用银行卡时，应注意以下事项：

(1)牢记卡号

最好能记牢银行卡卡号，可以在没有卡的时候也能办理相关业务。

(2)设置密码并签名

拿到银行卡后要重新设置密码并在卡片背后的签名条上签名，以确保您的正常使用。

(3)保护好密码

密码的设置不要使用出生日期、电话号码或“000000”“123456”等易被人猜到的数字作为密码；不要将密码写在卡片上或与卡片放在一起；不能将卡号和密码等信息泄露给他人。

(4)遗失后，及时挂失

一定要妥善保管卡片，一旦遗失，要立即到银行网点或通过电话银行、网上银行办理挂失，以免卡片被冒用而造成资金损失。

65. 如何防范冒充领导骗局？

前不久，某国企退休干部陶先生从公园锻炼出来，突然，一个中年男子走过来跟他打着招呼：“陶老，您好！”陶先生一时没有反应过来，中年男子很自然地介绍起自己来：“陶老，您不认识我了？我是老干部局的呀！以前我和您见过面，您看您是贵人多忘事！我和咱干部局的孙局可是老搭档了。”

陶先生一听说该男子与孙局都很熟，也跟着热情起来，该男子又说：“国家拨了6000多万元研制了老年保健品，我跟您是老熟人，您又跟孙局认识，所以，我想先让您试试这个产品。”说罢还故作神秘地告诉陶先生，目前这种产品只有内部人才能拿到。

陶先生信以为真，该男子又紧跟着说：“这个药品虽然是免费的，但是因为药品贵重，须收取一定数额的保管费。”陶先生欣然答应了，第二天便将钱打到了该男子指定的账号上，男子承诺三天之内一定送保健品上门，可陶先生左盼右等，却不见有人来送保健品。

这类型的诈骗，骗子每次行骗前，都是有备而来的。他们往往对所要行骗的对象进行过一定的研究，比如，行骗对象的家庭情况、住址、健康状况等，甚至能说出与行骗对象很熟悉的朋友的状况，几番交谈下来之后，受害者就会信以为真。

这类骗子在行骗的时候，通常会冒充受害者的领导，利用一般人对领导的敬畏心理控制受害人，特别是那些在国企和机关工作的人。在取得受害者信任后，骗子往往会以“药品是免费的，但因为价格昂贵，须收取一定保管费”，或是“药品的盒子是特制密封的，所以将盒子寄放在家里，须收取盒子押金”进行行骗。

知识链接

冒充领导行骗的骗局偶有发生，但是无论如何变化，他们的最终目的都离不开钱，所以，只要骗子以各种理由收取费用，就应该提高警惕。

对于那些伪装成与受害人很熟的骗子，大家可以多问他几个问题，肯定会露出马脚，不要总是让他牵着鼻子走。比如，在刚才的骗局中，骗子提到孙局，你可以问一些你所知道的孙局的情况，看他是如何回答的，如果回答不正确,骗子的马脚就露出来了。另外,骗子如果说哪个单位搞的活动,大家最好打电话向有关部门核实一下,这也是识破骗局最简单、最直接的方式。

66.“重金借种”可信吗?

甄先生无意间在街头看到这样一则广告:某女,28 岁,丰满迷人,夫富商,因意外致残,失去了生育能力。为继承庞大的家业,经丈夫同意,特到异地寻找健康男士,借种生子。广告还宣称该女子已交 100 万元定金在律师事务所,如有违约由律师事务所承担责任等。

甄先生认为这是一门生财之道,便立刻拨打了广告上的电话,经多次拨打,终于拨通。接电话的是名女子,自称是“富婆”的律师,抱歉地说:“因为来应征的人太多,实在忙不过来。”接着,律师煞有介事地要甄先生将自己的情况简单介绍一下,之后告诉甄先生,到时会将资料交给“富婆”筛选。

三天后,甄先生接到“富婆”的电话,表示对甄先生很满意,称过几天就会飞到厦门签订协议,办理相关手续。之后,她会在酒店订包房,供两人居住,一旦成功受孕,“富婆”就会按合同支付 100 万元酬劳。挂掉电话之前,“富婆”突然提出,为考验甄先生的诚意,要求他把来回的机票费用 2000 元先汇到她的账户,见面后会如数归还。甄先生毫不犹豫地答应了对方的要求。

到了约定的时间,“富婆”又打来电话,称她已经到达了厦门的某酒店,提出她只身一人携带巨款而来,为防止见面出现意外,要求甄先生再向她的账户里存入 1 万元保证金,等签订协议后,悉数归还。然而,在甄先生汇款后,“富婆”却不见了踪影,再也联系不上了。

其实,这种“重金借种”的骗局并不高明,所谓的“借种生子”,只是骗子用美色和重金当诱饵布下的骗局而已。通常骗子们会利用街头小广告、在杂志上刊登广告,或者借助互联网,发布重金借种的消息。

为了增加骗局的迷惑性,骗子们会谎称专门请了代理律师和在公证处公证等,引诱更多的人上当受骗。形式无论怎么变,其骗钱的本质不会变。倘若有人经受不住美女、金钱的诱惑,就会落入骗子们的圈套。一旦有人信以为真,骗子就会继续以各种名义要钱。

知识链接

“富婆借种生子”是一种老套而低级的骗术,然而,依然有些人被“富婆”的年轻美貌、花言巧语、丰厚的报酬所迷惑而上当受骗。这类骗局通常呈现以下特点,了解这些特点,可以有效地防范这类诈骗。

(1)侵害对象以中青年男子,特别是农民为主。

(2)团伙作案。这类诈骗一般以2~3个人作案居多,男女搭档,女子扮演求子心切的富翁之妻,男子则扮演该少妇的私人律师。

(3)作案手法。张贴街头小广告或在网上发布广告,以年轻貌美的富婆因年迈的丈夫不能生育,欲借种生子并重金酬谢为诱饵,实施诈骗。

67. 如何防范医托骗局?

医托就是医疗骗子,常游荡在大医院附近,多会选择外地来求治的病人下手,利用外地人对当地医院和环境不熟悉,往往用老乡等套近乎的方式将那些慕名到大医院求治的病人拉到附近的小医院或是小诊所,大肆开药诈骗病人的钱财。

医托针对病人看病心切的心理，打着“疗效快、费用低”的旗号，常采用“众人联合、诱敌入穴、将其歼之”的战术实施诈骗。绝大多数都是以“妇、夫、幼”三结合，并且以直系亲属和老乡居多。中年妇女热心助人、年轻人老实端庄、年幼的孩子体弱多病，三者的关系是母子、姐弟，让人看了觉得可信。不过，即使医托演得再逼真，只要你了解常见的骗人招数，就不会上当受骗。

医托骗局通常有以下几种类型：

(1)家族式

几个医托往往是一个家族的，但他们装作相互不认识，等到病人后，先是与病人聊天，待聊到时机成熟的时候，他们就会轮番上场，围绕病人的病情帮病人“献计献策”，最后忽悠病人去他们指定的诊所。

(2)隐秘式

这类医托通常表现得比较隐秘，不注意很难发现，他们多半出现在医院周围，行动比较诡秘，还有部分人员与医院的医生有牵连，他们之间达成协议，约定事后利益分成，所以这类医托最为隐秘，祸害也最大。

(3)巧遇式

这类医托，往往采用在街上碰巧与病人相遇，经过与病人不经意的交谈，知道病人的心理需求后，按照病人的要求，将病人带到指定诊所。

(4)同病相怜式

这类医托一般都是打着为亲人看病的幌子，在医院里四处观望，寻找目标。当他们锁定目标后，通过交谈，先是获得病人的好感与同情，再通过“同病相怜”博得病人的认同和信任，最后将病人领到事先准备好的诊所去诊治。

(5)故弄玄虚式

这类医托是通过卖关子、故搞神秘、故弄玄虚等方式，向病人灌输一些神秘的医生与药物的信息，让病人觉得自己能遇上这种好心人很幸运，于是抓住病人治病心切的心理，干扰病人的判断，从而达到欺骗的目的。

(6)内外勾结式

现在有个别医院的个别医生和社会上一些药店勾结，在病人看病后，所开的处方在医院里抓不到药，只有到他指定的药店里才能抓到，然后医生再向药店提取回扣。其实，他们开的药物并没有什么特殊疗效，并且往往价格昂贵，完全是坑害病人。

以上是医托惯用的伎俩，可见他们的手段并不算高明，要想彻底揭露医托的真面目，除了了解他们惯用的骗人伎俩，还有必要知道医托常用的骗人“程序”。

第一步，找目标，套近乎。医托们游荡在大医院附近找到目标后，主动搭讪套取病情，接着不管你尊府在何处，医托总能和你攀上乡亲关系，甚至冒称同姓，使你有“他乡遇故知”之感，从而对他产生信赖。

第二步，现身说法。取得病人的信任后，医托接着以“亲身经历”或各种感人的“患者故事”“病愈历程”向病人推荐某医院、某医生，谎称大医院不但贵而且治不好，某某医院某某教授是治这种病的专家，便宜有疗效，将病人骗至目的地。

第三步，贬低医院、名医。说你要去的医院“牌子虽大，看不好你这病”，或说你要找的名医“不行，就那两下子”，或谎称“他已调走了”“某专家出国了”“专家号已经满了，你排不到”等，让你在失望中向他求助。

第四步，大献殷勤。抢着给你叫出租车，甚至自己掏腰包打的送病人去某医院，帮你拿行李，让你被他的热情所感染，心甘情愿地掏腰包。

第五步，高价药骗钱。等你到了他们指定的目的地之后，你就成了任人宰割的羔羊，通过开所谓的高价药来骗钱。

现在我们来总结一下医托的“工作程序”：寻找目标——现身——贬

低名医、名医院——大献殷勤——高价药骗钱。了解了“工作程序”，也了解了他们惯用的招式，就能更容易认清医托的丑恶嘴脸。

知识链接

医托蒙骗的对象主要是外地人，而且以单身男女带小孩为最佳目标。首选对象是老实巴交、看起来没什么文化的农村人。农村来的病人通常家里经济不富裕，看病也一心想着省钱，再加上他们的文化素质较低，接触的人和事较少，警惕性不高，心理防线很容易被打破。另外，医托蒙骗的对象还有经济不富裕、涉世不深的打工族。

68. 商品清仓处理能轻易相信吗？

“好消息，特大好消息，产品清仓大甩卖！”“挥泪大甩卖，忍痛大清仓！”“各种名牌服装，吐血价甩卖！”……经常逛街的人，对商家的这些宣传，一定不会陌生，这些看似很有诱惑力的宣传，其实都暗藏陷阱。

有些店铺门口贴着“清仓处理，一件不留”“跳楼价，亏本大甩卖，最后三天”等类似的标语，只不过是为了吸引人们的注意，这些店铺根本不是真正的清仓，更不可能只销售最后三天时间，有些店铺甚至从一开张就打出了清仓的招牌。

虽然市场上有部分商家“大甩卖”的确是因为倒闭、装修之类的真实原因，但挂羊头卖狗肉的现象还是不少见的，所以，提醒消费者，一定要提高防范意识，购物时多留个心眼。通常商家会用以下方式来欺骗消费者：

(1)有奖促销

商家不会以现金或物品作为奖项，而是以代金券为奖项，按照有关规定，最高奖项金额超过5000元的抽奖式有奖销售行为是法律禁止的。

(2)购物返券

购物返券也是商家常用的促销方式,但商家却对返券的使用范围、时间、面值、方式进行了很多限制,并且事先不会告知或含糊告知消费者,或者以“最终解释权归店家”进行搪塞。

(3)打折让利、清仓销售

商家说“打折让利、清仓销售”,会让消费者误认为商品肯定便宜,其实并非如此,商家会通过虚构拉高价格的方式,予以虚假打折、降价,也就是说,有时候商家虽然声称打折让利、清仓销售,但实际上商品反而贵了,并不便宜。

(4)购物有好礼

商家为了招揽消费者,会打出消费金额达到一定数额有好礼相送的招牌,以刺激消费,而所谓的礼物大多是廉价的,且多为假冒伪劣产品,但商家却鼓吹是高档品。特别是到了年近岁末,更是有很多商家打着“清仓大减价”“降价打折”“清货大甩卖”的口号进行商品促销,却暗藏消费陷阱,此时大家一定要提高警惕。

知识链接

遇到商家“打折促销、清仓甩卖”的时候,大家一定要擦亮眼睛,谨慎购物,千万不能被商家的“表面”功夫所蒙骗。为了规避购物风险,可以注意以下几点:

(1)购买商品,索要商品的发票或购物凭证,一旦出现产品质量问题,这是维权的保障。

(2)货比三家,看商品的价格是否标高,防止商家明降暗升,欺骗消费者。

(3)认真检查商品的质量,防止商家以次充好,欺骗消费者。

(4)购买商品一定要到有信誉的店家,以免购买到假冒伪劣商品后无处退货,或者商家已经有了转让或停业的打算,无法获得赔偿。

第五章 社区居民防范商业诈骗知识

69. 如何防范纪念币骗局?

一天,退休老干部万老伯正在家休息,一个电话打了进来,“您好,是万局长家吗?我是老干部局的,今年是建党100周年,中央发行了一套纪念币……”电话另一头的男子自我介绍说是市老干部局的工作人员,并且准确地说出万老伯曾经在何单位任何职。

接着,男子很热情地和万老伯聊起为建党100周年献礼的事。说今年是建党100周年,市里为表示对广大老同志的关怀,专门推荐老干部收藏一套建党100周年的纪念币,原价为6888元。市委、市政府为了表示对老干部的关心,每套纪念币统一由市委、市政府出4888元,老干部只要出2000元即可,男子并在电话中表示,如果万老伯愿意,就让工作人员把纪念币送过去。

万老伯信以为真,立马答应了下来,男子便给万老伯一个账户,让他尽快将钱汇到指定账户,然后,他会立马派人给万老伯送纪念币。然而,在万老伯将钱汇出去之后,却没了下文,之前打来电话的男子也联系不上了。

除了冒充老干部局工作人员,或者谎称是银行工作人员进行行骗,有的诈骗伎俩还做了升级——先说抽奖你的手机号被抽中,然后说只要2800元,就能得到价值12800元的世博会纪念金币。一听价格低,还是抽奖抽中的,不少老人就心甘情愿地购买了。

平时我们在逛街时,也会偶尔看到摆柜台叫卖纪念币的,他们会声称所卖纪念币都是从银行买来的,非常具有收藏和投资价值。然而,在他们所做的发行公告上,连公司名称、地址都不会留下,很显然,这肯定是骗局。

进入二级市场的收藏者,最好能够掌握一定的纪念币知识。关于假纪念币的辨别问题,最直观的方式,就是拿40倍以下的放大镜,查纪念币上面的纹理。真币多会呈现均匀细腻的亚光效果,而假币一般只有一种层次,且十分粗糙。

知识链接

当前,市面上收藏品公司日益增多,部分不法人员为了吸引投资人,故意选取较为知名的办公地点和租赁形式正规的办公场所,诱骗前来投资的收藏爱好者认为公司进行正当经营。因此,收藏爱好者在投资时不应简单依据公司办公环境、业务规模等来判断公司经营情况,而需要谨慎核实公司的资质,确保收藏品的来源与去向正当、合法。

由于收藏品诈骗的被害人往往集中于高年龄段,对于收藏品的实际价值缺乏一定的辨别能力,容易被犯罪分子利用,用低价收藏品骗取自有的高价收藏品。因此,收藏爱好者们不仅要对自己手中持有的收藏品价值有准确的判断,更不要轻信收藏品公司业务员的推销,在购买收藏品时一定要对藏品价格进行正确评估,以免因为对收藏品价值认定有误而被不法分子骗取钱财。

70. 商业保险诈骗有哪些套路?

保险作为金融理财工具中的一种,解决的是人生面临种种不可预测的物理风险,其中包括:失业、重疾、身故、全残等。然而,我们却发现保险真的不是想象中那样保险,其中有不少的骗局不为人所知。

(1)保险的陷阱

①免责条款藏猫腻。很多保险纠纷都因免责条款而起,提醒大家,在购买保险时,一定要仔细查阅保险条款内容,尤其是明确自己所投保险的保险责任及除外责任,避免出现不必要的纠纷。

②无良保险代理人骗保。有些投保人为图省事,把保费交给代理人,再由代理人转交给保险公司,岂料代理人携款逃跑了。建议大家,在与保险代理人打交道时,除了要看其是否持有有效工作证,还要索取盖有保险公司印章的正规保费收据。千万不能只与保险代理人通过网络、电话或者手机短信联系,以免上当受骗。

③代理人忽悠客户。购买保险时,往往对投保人有一定的要求,然而,保险代理人在要求客户投保时,往往因为利益驱动,并不会将投保条件讲明,甚至还进行不当的干扰,一旦遭遇理赔,保险公司却告知拒赔。

④夸大投资收益率。近几年来,随着投资型保险产品的走俏,一些人开始进行投资,然而,却不知里面深藏诸多陷阱。实际上,除万能险外,投连险、分红险两种保险理财产品,其他保险产品收益是无法保证的,就像炒股票一样。大家在购买保险产品时,一定要认真阅读投保提示书,切勿盲目跟风。

(2)投保防骗术

①找正规保险公司投保。投保前,一定要先确认保险公司、保险中介公司以及销售人员是否具有合法的资格,这是保证不被骗的前提。

②看清条款再投保。投保前,要认真阅读保险责任和责任免除等条款内容,明了自己的权利和义务,以免糊里糊涂投了保,到时候却得不到理赔。

③保留证据。要保留投保时的书面证据或其他证据,便于在发生争议时维护自己的合法权益。

④亲笔签名。投保时,要填写准确、完整的常用联系电话号码、联系地址等个人信息,一定要亲笔签署投保提示书、投保单、保单送达回执等文件。

⑤划账缴费。建议大家使用银行划账等非现金方式直接向保险公司交纳保费,这也是保留有效证据的一种方式。

⑥索赔要快,及时跟进。客户出险后,要按照保险公司的要求,尽快提交索赔资料,以便及时获得赔款,并及时跟进,以了解赔偿的进程,明晰自己的权益。

知识链接

当你确定投保之后,剩下的-项重要工作就是填写保单,把握好以下步骤,就能顺利地签署保险合同。

第一步,要求业务员出示其所在保险公司的有效工作证件。

第二步,要求业务员根据保险条款逐条解释险种内容。

第三步,填写保单时,必须如实填写,并亲笔签名,被保险人签名一栏应由被保险人亲笔签署(少儿险除外)。

第四步,付款后,要请业务员当场开具保险费暂收收据,并在此收据上签署姓名和业务员代码,也可要求业务员带你到保险公司付款。

第五步,投保一个月后,如未收到正式保险单,应向保险公司查询。

71. 汽车维修有哪些猫腻？

一些汽修公司为了谋取暴利，隐藏了不少陷阱，消费者很难看出其中的门道，吃了不少的亏，下面就为大家揭秘汽车维修店里的“猫腻”。

（1）偷换零件

有些车主为了节省费用，会自己购买零配件，再到汽修公司进行维修。但个别汽修公司的维修人员在修理车辆过程中，趁车主不注意，会用旧的零配件偷偷掉换车主自带的全新零配件。因此，大家在修车时，一定要车到哪跟到哪，当车需要放在维修店过夜时，一定要选择信誉度高的维修厂。换下来的零配件要妥善保管，一方面确认是否有换的必要，另一方面也可以作为发生维修质量纠纷时的证据。

（2）虚报价格，乱收费

汽修公司一个重要的收入来源就是利用汽车零配件规格、品种、生产厂家较多，价格悬殊的特点，乱收费。有些汽修公司大量购进低价零配件，但汽修公司在维修车辆时，却按市场上的正价收钱。如果车主分辨不出零配件的好坏，很容易落入汽修公司的陷阱之中。

（3）更换的零配件以次充好

更换零件时，汽修公司的人会告诉车主换的是正厂件，但事实上换的是副厂件，甚至是“三无”产品。因此，在修车的时候，车主应随车查看，检查要换零件的包装是否完整，是否有防伪编码。

（4）夸大故障，过度维修

只换不修是汽车维修过程中常见的问题，维修工人一般能小修的一定大修，能修的一定要换零件，能简单维修的一定要整体修，目的只有一个，那就是多收钱。所以，车主在修车前，不妨多去几家汽修厂进行检测，让该店列出维修项目清单，然后到另外一家汽修厂再进行一次检测，将前后两张检修项目清单进行对比,选择性价比高的厂家维修。

(5)人为制造故障

一些黑心汽修公司会蓄意给车制造故障,让车主经常来修车。建议大家修车时一定要选择有诚信的汽修厂,最好不要选择路边的小店。

(6)保修绑保养

有些店要求车主买车时在4S店保修,就必须连保养也一起做,而4S店内做保养,普遍比外面要贵。建议车主买车时就要打听好保修保养规定,如果遇到保修绑保养的店,要多掌握些保养知识,防止被忽悠。

知识链接

如果在修车时遭遇了陷阱,该如何维权,这也是车主比较关心的话题。要维权,最关键的是保留证据,比如在发生维修事故后,用相机或手机拍摄事故现场照片,或者录像,这是车主维权的关键证据。如果条件不允许,车主在与维修人员商谈修车方案、修车价格、修车时间等细节时,可以进行录音,录音也是有力的证据。

车主在修车前要主动向维修人员说明,需要保留换下来的旧零配件,这样可以用旧零配件与维修人员换上的新零配件进行对比,以防维修人员以次充好。一旦车主发现车遭遇"过度维修",或者碰到其他修车陷阱,可以选择向法院提起诉讼,通过法律途径维护自己的权益。

72. 车险理赔有哪些陷阱?

车辆遇到损毁时该怎么办?找保险公司。那么,找了保险公司就一定保险吗?那可未必,车险理赔陷阱之多,以下的陷阱你是否遇到过呢?又是如何处理的呢?

(1)少报维修项目,降低赔偿金

车主到保险公司指定的维修站进行查勘定损时,如果没有仔细观察车辆受损程度,保险公司的定损员很有可能会少报维修项目,从而降低赔偿金额。针对这种情况,建议车主在保险公司定损之前,一定要仔细检查车辆的受损部分以及受损程度,以免被保险公司的定损员“漏掉”。

(2)保险公司推荐的汽修店藏陷阱

定损金额往往是车主和保险公司产生争议的地方,如果车主对定损金额不满意,一般保险公司的定损员会给车主这样的承诺:如果你认为定损金额不能修好车,修理店是可以给你拆检的,到时候维修费修到多少就赔多少。

很多车主认为保险公司这样做很合理,其实不然,车主来到保险公司推荐的汽修店,修理工多半会告诉你拆检后车没多大毛病,本来要换的配件,为了省钱,多是修修再用。这是因为修理工和保险公司的人是穿一条裤子的。因此,遇到这种情况,车主一定要拒绝在定损单上签字,并且强烈要求到本品牌的4S店去维修。

(3)当心在配件上做手脚

定损的4S店主修的不是出险车辆的品牌,一般是不会储备出险车辆的零配件的,多是采购一些非原厂生产的便宜配件给出险车辆装上。为了防止这一情况的发生,建议车主尽量在本品牌的4S店里购买保险,出险后就在该4S店维修,这样可以保障配件为正厂件。

(4)给车主“好处费”,以降低定损金额

保险公司为了让车主到他们推荐的维修店去维修,会给车主一定的“好处费”。所谓的“好处费”是:如果出险车辆正常的定损金额为20000元,为了省钱,保险公司会推荐车主到指定的维修店去维修,使用价格便宜的零配件,这样定损金额可以降到10000元。

为了让车主同意到推荐的维修店修车,他们会给车主一定的“好处费”作为诱饵。这样保险公司就省下了几千元,而车主的车辆就没有了安全保证。因此,车主千万不能为了一点小利益与定损员或维修厂私下交易。

(5)汽修厂制造骗赔案

一些黑心汽车修理厂会制造假车祸骗赔闹剧,而车主却很难发现其中的猫腻。通常汽修厂制造二次事故有三种方式:

①编造车祸。如果来修的车辆不在保险公司的受理范围内,汽修厂会把车子开到路上,撞向墙角,造成车辆损坏,并向保险公司报案,使车子的破损在保险公司理赔范围之内。

②人为制造车祸。把送来修的车开出去真撞,有着丰富经验的人可以把车撞得“刚刚好”,只撞坏车的表面,不会伤到发动机等内部零件。

③伪造车祸。一般他们会把两辆已受损的车开到一个路口,伪造成追尾事故的现场,再选择晚上报警,这样就能够迅速取得交警出示的事故认定书。

知识链接

一些没有经验的新车主,在第一次购买保险时,多半会听取保险人员的建议,让车主买齐保险,这样就大可放心了。实际上却买了很多没有实际用处的险种。有时保险公司为了获取更大利益,甚至把单个保险捆绑销售,再给予优惠,看似划算,其实并不划算。比如,把车险中的责任险、防盗险和车损险等捆绑起来销售。

另外,还需要提醒车主的是,车险并非保得多就赔得多,保险公司的工作人员之所以这样说,完全是为了让车主超额投保而赚取更多代理费。大家需要清楚的一点是,任何一家保险公司都是完全根据汽车所出险情大小的实际情况进行理赔的,即使投再多的保,也并不一定能得到更多索赔。

73. 房屋中介有哪些黑幕？

房屋中介公司非法赚取差价，违规收取服务费、看房费、骗取定金等欺骗行为，防不胜防，常常令消费者深受其害。下面为大家揭露房屋中介常见的骗局，提醒大家，防止上当受骗。

(1)虚假的广告宣传

房屋中介公司的信息几乎都是各种媒体发布的，消费者普遍认为媒体广告可信度高。其实，许多媒体，特别是网络媒体根本就没有对广告内容的真实性进行审查，很多消费者被虚假的广告宣传所蒙蔽。广告上虽然说得有板有眼，但等你交了押金之后，看到的房子却与广告大相径庭，但中介公司不会给你退押金。

(2)假房托骗局

中介公司会将做托的房东的联系电话告诉你，让你永远找不到真正的房东，或者派业务员冒充房东与租客签下合同，然后又以各种理由不肯出租。

(3)业务员玩失踪

消费者交了押金却没租到房，前来找业务员，中介公司却告知，业务员辞职了，走的时候说消费者已经与房东交换了联系方式，能否租下来已经与公司没有关系，押金是不能退的。

(4)设置“霸王条款”

房屋中介公司会在合同中设置“霸王条款”，以违约赔偿金要挟客户，限制客户的契约自由和选择权。对于这种情况，消费者最好要远离，不与这样的房屋中介公司打交道。

(5)真房东找上门

交了钱，欢欢喜喜住进去没几天，真的房东却找上门来，称要收房。

无奈之下，你只能找到房屋中介，中介却以租金和押金已经交给“房东”为由将你打发掉。

（6）擅自转让骗房款

房屋中介伪造或者骗取房主的身份证、房屋产权证，未经房主同意，擅自转让房屋，收完房款后，逃之夭夭。

（7）违规收费

一些房屋中介公司超出政府定价，或以多种名义收取费用。实际上，房屋中介公司除了收取政府规定的一定比例的中介服务费，其余所谓的垫资费、看房费等都属于“黑收费”，对于违规收费，多收的要依法退还。

（8）制订“阴阳合同”

为赢得中介业务，一些房屋中介公司参与合谋，在房屋买卖合同中虚填房价，制订“阴阳合同”，帮助客户达到少交税或多贷款的目的，损害国家、银行利益。

（9）以钥匙交给房东为由，拒绝退押金

租房到期当日，中介公司在结清费用后，与房东及租客在三方合同上签字。因中介公司与房东的合同也是在当天到期，经业务员同意，租客会把钥匙还给房东。但第二天，租客去中介公司要求退还押金时，公司却以钥匙已给房东为由，拒绝退押金。

（10）骗回押金凭证

中介公司以退还押金为名，将租客骗到公司，并以协助办理退款手续为名，趁机收回押金凭证，使对方失去凭证，无法要求退还押金。

知识链接

房屋中介市场越来越兴旺，但一些企业利用房屋中介形式欺诈消费者的行为也迅速增多。为了有效地防范中介租赁陷阱，应注意以下几点：

（1）详细考察中介公司的资质和信誉

通常，一个中介公司规模越大、品牌越响，则信誉越好。但是，看一个中介公司是否可靠还要看其实力和口碑，不能全信广告。

(2)查询中介公司的信誉记录

因为讲信誉的公司会非常注重客户对公司的评价或满意度，所以，你在去中介公司前，可以先去当地的工商局与中介事务所查询中介公司的投诉记录，那些劣迹斑斑的中介公司是万万不可去的。

(3)考察中介公司成立的时间

新成立的中介公司在客户与房源信息来源方面很难建立畅通的渠道，而一些历史较长的公司从管理上具备极强的内部监控能力和风险控制能力，能够很好地杜绝卷款潜逃等类似事件发生。

(4)签订规范性的代理合同

签订合同之前务必要认真阅读合同各项条款，对房地产经纪机构出示的格式合同有异议的，可对该合同条款进行修改后再签字或签订补充合同。

74. 什么是专利诈骗？

近些年，冒充政府部门、国际知识产权组织及其他组织欺骗发明人，牟取非法利益的专利诈骗等违法行为不断增多，下面就专利诈骗分子常用的诈骗方法给大家详细介绍一下。

(1)冒充国家机关，以专利获奖为由，骗取评审费

诈骗分子打着国内著名报社、国家科学技术奖励委员会的旗号，甚至冒充国务院的名义进行诈骗。诈骗分子一般会利用专利文献公告获取专利权人相关信息，通过寄信件、打电话等形式与专利权人、发明人联系，然后要求专利权人、发明人向指定银行账户缴纳评审费、证书工本费等费用。

(2)以技术转化的名义骗取服务费

诈骗分子利用专利权人急于将专利转化的急切心理,以投融资、联系厂商、转化专利等为诱饵,声称可以帮助发明人转化专利,但是需要专利权人缴纳费用请专门的评估机构进行技术评估。一旦缴纳一定的费用后,诈骗分子就会人间蒸发。

(3)骗取参展费

诈骗分子会冒充国家机关、全国性组织或国际组织给发明人发函,告知在某时某地举办博览会,声称届时将有众多企业和机构参会寻找投资项目,并虚构所谓的政府领导人颁奖、国家认可、授予高等级奖项等,骗取参展费、评奖费、会议费、工本费等费用。

(4)骗取出版费

诈骗分子抓住发明人想出名的心理,给发明人寄信,虚构出版书籍,比如名人录、优秀论文集等,并声称这些书出版后,可以作为专利转让的依据,来骗取费用等。事实上,这类书出版之后没有任何价值,更不会得到国家的认可。

(5)骗取高额代理费

诈骗分子冒充专利代理机构,声称与国家知识产权局审查员关系密切,许诺专利申请人在最短时间内获得专利授权,骗取高额代理费。

(6)骗取申请费、受理费

诈骗分子冒充"国际知识产权中心",授予"世界专利""国际专利""国际专利知识产权资格证书"等,骗取申请费、受理费等。或者谎称专利权人、发明人的某项专利已通过权威机构的评估、认证,决定授予某项荣誉称号或奖项,骗取证书费、评审费等。

知识链接

由于多数人不了解专利知识,才给了诈骗分子可乘之机,防范此类诈骗,大家可以从以下方面入手:

(1)核实专利转让、专利评奖的真实性

大家可以通过专利行政管理、公安等有关部门核实专利转让、专利评奖等机构的情况,以辨明真伪。因为在此类诈骗中,诈骗分子一般都是利用专利文献、专利公告中公开的权利人的联系方式。所以,收到信函后,专利权人应通过专利行政管理机关核实对方的身份。

(2)通过正规的渠道进行专利转化

专利权人在考虑专利转化时,应选择国家和地方政府等有关部门搭建的专利转化平台,不要相信那些自称为专利中介的机构。

(3)切勿盲目相信他人,缴纳费用

诈骗分子一般会要求专利权人缴纳数百元到上万元的技术评估费或评奖费,缴费之前一定要了解相关的收费情况,不要轻信骗子编织的谎言,一般情况下,国家性的、正规的奖项都不会收费。

75.如何防范连锁加盟骗局?

创业须谨慎,加盟有风险。在热火朝天的创业市场中,常常混杂着各种各样的非法连锁加盟骗局,稍不留神,就可能稀里糊涂地掉进以圈钱为目的的诈骗陷阱中。下面我们就来细数一下连锁加盟的骗局有哪些。

(1)夸大宣传,引诱创业者上钩

骗子善于抓住创业者急需在短时间内赚大钱的心理,在广告宣传上夸大其词,语言极具吸引力:轻松赚大钱、一天赚一万元、打工不如开个小店、自己当老板不是梦等。诱人的利润,常常会使那些想着一夜暴富的人掉进骗子编织的圈套中去。

(2)以次充好,假冒注册商标、外国品牌

骗子在一阵吹嘘后,当投资者开始对商品表示关注时,他们就会说自己的产品质量是如何的好,是国外的品牌,款式在国内是绝无仅有的。其实,这些商品不是以次充好,就是冒充国际品牌,甚至是贴牌加工。

(3)货物与合同约定不符

骗子在与投资者洽谈之初,会给投资者看合格的产品,承诺许多优惠的条件,一旦投资者签订了合同,交纳了加盟费,收到的货物往往与看到的产品完全不相同,从而使加盟店无法经营下去,不得不倒闭。

(4)办公地点唬人

骗子会在高档写字楼租用办公楼,装修豪华,人员众多,各类资料齐全,员工繁忙,给考察的创业者以公司非常正规之感,然而,一旦加盟成功之后,这些骗子就会换一个地方,继续行骗。

(5)样板店有猫腻

投资者在考察公司时,公司的人会带你到样板店去看看,这些样板店通常装修得高档华丽、生意火爆。其实,这些都是骗子们提前安排好的,也有可能是部分加盟商和总部上演的一出戏而已。

(6)虚构的工厂

很多带加盟的连锁企业都会告诉投资者,他们有自己的工厂,工厂的规模有多大,设备有多先进,但是他们就是不会带着投资者前去查看,而是找许多借口,推三阻四,因为这些工厂都是虚构出来的,根本不存在。

(7)虚假的形象包装

通常虚假连锁企业会把核心成员包装一番,将其身份设定为海归、留美博士、专家等,甚至借着政府的名义,欺骗投资者,以达到敛财的目的。

通过以上介绍,希望大家在考虑连锁加盟时,谨慎行事,以防上当受骗。

知识链接

目前,连锁加盟项目鱼目混珠,稍不留意,就会上当受骗,那么,我们该如何防范连锁加盟的骗局呢? 下面就教大家几招:

(1)网上搜索

上网搜索“连锁加盟”,看看是否有相关的信息,如果发现网上投诉的比较多,那很有可能就是骗子。

(2)考察实体店

如果要加盟的品牌在公司所在地没有两家以上的实体店,就要谨慎了。另外,考察时,不要把对方说的话全当真。

(3)考察工厂

要去加盟公司的工厂实地考察,无论对方找怎样的借口都要亲自去看一看,耽误些时间和路费,总比被骗去几万元,甚至几十万元划算。

(4)不要被骗子的小恩小惠蒙蔽双眼

骗子公司一般采用诱导式、小猫钓鱼的方法引投资者上钩,比如,对方说公司在搞优惠活动,如果在什么时间之前加盟就会有优惠,可以减少加盟费、返装修费,等等,对方这样说,无非是想让投资者尽快掏钱。

76. 如何防范“皮包公司”骗局?

皮包公司就是没有固定资产、没有固定经营地点及定额人员,只提着皮包,从事社会经济活动的人或集体,多挂有公司的名义,有时也叫皮包商。目前,皮包公司行骗的手段主要有以下几种:

(1)骗取货物

骗子们会拿着伪造的营业执照、公章等,光顾交易会、展销会,然后凭着“证件”取得对方的信任，签订购销合同。为了增加可信度，骗子们会在合同上标明“货到验收付款，违约赔偿”，供货方认为签订了合同就大可放心了，结果是货发出去了，回款却遥遥无期。有时骗子们为了显示“诚信”，会主动提出先付一半款，再让供货方发货，然而，当骗子们收到货物之后，另一半的货款就没了下文。就这样，骗子们以五折的价格买到货物，再转手卖出去。

（2）以联营的方法骗取保证金

骗子们先是邀请对方到其所在地进行考察，然后以“提供设备、技术”进行“联营”。实际上这些设备全是淘汰过期的报废机械、待设备款和联营保证金到手后，骗子们就会溜之大吉。

（3）骗取货款

骗子们在最初与对方合作时，会非常守信用，按时交纳货款，在取得对方的信任后，先少量的一手交钱，一手交货，最终以“资金紧张”为由，开始拖欠货款。待机会成熟后，拖欠一笔较大的货款后玩失踪。

（4）索要赔偿金

骗子们在签订合同时利用小投资者对合同细节不了解的空子，在供货日期、产品生产日期、商标注册和质量上“挑刺”，然后以此为由，向对方索要赔损失和违约金。

面对皮包公司以上的骗术，提醒企业主们，在与不熟悉的人签订合同时，要先签意向性协议或“款到发货”的合同。要派人前往对方所在地的工商、税务、开户银行等进行核实，以确定是否是正规公司，也可以委托当地工商、税务部门进行协查，待核实准确后，再签订正式合同或者发货。

知识链接

一旦被皮包公司所骗，对于企业主来说，损失将是惨重的，所以，大家一定要掌握识别皮包公司的本领，具体说来有以下方法：

(1)查看营业执照

看一个公司是否有实力,最好的办法是查看其营业执照,看其执照上标明的注册资金数额,但是这个方法并不一定是保险的,因为有些不法奸商会通过非法行为而获得营业执照。

(2)查看公司是否有经营场地

为了保险起见,在合作之前,最好亲自到对方的经营场地看个虚实,要做到眼见为实,切不可相信那些以某宾馆、酒店为业务办事点的公司,这些公司多是皮包公司。

(3)判断公司里有无固定员工

皮包公司一般只有两三个人,实地考察一下,便知真假,当然,最好的方法是到当地的工商部门查询一下,了解该公司的真实情况。

(4)实地考察该公司有无原料

转手买卖、买空卖空的情况经常出现,企业主要仔细核实对方是否干买空卖空的生意,实地考察该公司的原料情况是更为可靠的方法。

总之,在与对方合作之前,一定要对该公司的资金情况、办公场所、固定工作人员以及原料等做全面的考察,不能听对方的一面之词,如此方能避免上当受骗。

77. 如何防范融资骗局?

近年来,融资诈骗的事件有越演越烈之势,因此,大家有必要了解融资的相关知识,了解融资诈骗的常用步骤和诈骗方式,以及防范常识,提高自我防范意识,不给骗子可乘之机。

（1）融资骗局的步骤

①物色目标客户。融资骗子通过正当程序注册国内代表处并提供融资的专业方案和步骤，设计一套诈骗网络，通过新闻媒体、网络大讲特讲融资理论，提供融资成功个例，让人深信不疑，用来吸引“目标客户”上钩。

②对客户进行洗脑。骗子会对有“潜力”的客户进行洗脑，夸耀客户的企业发展前景如何的好，市场潜力如何的大，如果企业能够接受他们的包装宣传，一定能获得所需要的融资，且一再申明前期咨询不收取任何费用，以达到迷惑人心的目的，为下一步诈骗打下基础。

③骗取考察费和律师报告费。骗子会派“专家”进行“实地考察”，目的在于骗取考察费。为了达到放长线钓大鱼的目的，骗子不会在此阶段收取大量的费用，为了表现他们是正规的公司，还会带个律师一起去，假装做个“律师资信调查报告”，这份报告是要收取一定费用的。

④签订合资意向书。一段时间后，骗子会电话告知企业，贵公司的项目已经通过审核，总部决定投资，要求对方来签订“投资协议书”。此时，骗子会告诉企业需要补充一些资料，然而这个资料的编写是需要由具有权威性的机构操作的，费用由企业自己承担。

⑤骗取资产评估费用。骗子会以“把企业的资产进行评估以后用项目本身作为抵押”为由，要求企业交纳几十万元的资产评估费用。

⑥进行项目投资安全和增值潜力分析。骗子为了稳定企业主的情绪，打消企业主的顾虑，会对企业主承诺“先打一笔款到你的账户上”，然后财务部的人会和企业谈相关问题，此时需要再做一份有关项目投资安全和增值潜力分析的报告，继续实施诈骗。

⑦骗取担保费用。骗子会以降低投资风险为由，要求担保公司担保，其实，所谓的担保公司，就是骗子的同伙，于是，“担保公司”会和融资人签订一份“融资担保合同书”，其担保费按照“融资”金额的一定比例

收取。

⑧骗取违约金。一些企业在稀里糊涂地被骗子骗了一圈之后,看不到任何结果,有退出的打算,如果退出,骗子就会要求企业按照合同上的约定,交纳一定的违约金。

(2)融资诈骗的方式

①考察费用。骗子与企业联系业务时,会提出到企业考察的要求,并要求企业支付一定的考察费用。

②项目受理费。融资骗子在收到企业的有关资料后,会要求融资企业交纳对项目进行评估和项目预审发生的费用,称为项目受理费。

③撰写商业报告的费用。骗子多半会要求融资企业提供项目商业报告书,待企业提供项目商业报告书之后,骗子又会以不符合要求为由,向融资企业提出由指定机构撰写,以收取不菲的费用。

④评估费。在融资过程中,骗子会要求企业到指定的融资服务机构或评估机构进行评估,而这些机构往往是骗子的同伙。

⑤保证金。骗子要求融资企业必须严格按照自己预先设定的程序操作,否则,就会以违约为由,向企业收取违约金。

知识链接

判断融资机构是否是假的,可以从以下方面入手:

(1)假的融资机构什么项目都可“介绍”,任何项目都具有融资潜力。

(2)要求融资企业做各种各样的评估报告,而且需要的评估报告都是融资机构所提供。

(3)假的融资公司一般不会真正协助融资企业做包装,因为这需要丰富的经验和技巧,弄不好会露出马脚。

(4)假的融资公司在开始时多半会打着免费的招牌。

78. 炒股公司有哪些套路?

有些炒股新手没有炒股经验,常担心投入股市的钱会打水漂,如果这时有人给你打来电话,声称他们是炒股公司,可以帮你炒股票,你是否会相信呢?其实,这多是骗人的把戏。下面就让我们一起来揭穿骗子行骗的伎俩。

这些炒股的公司往往会声称他们有专家团队,实际上就是几十号人打电话,拉拢客户骗钱,这些人根本不懂股票,只不过是他们有一套话术,在话术单下人人都是专家,因为股民要提的问题全在话术单上。炒股公司在实施诈骗术时,往往有以下几个步骤:

步骤一:给股民打电话。骗子打电话后,通常会这样说:您好!我是投资公司的投资助理,请问您的股票操作得怎么样?在股市遇到了什么困难?如果股民愿意接话茬,骗子就会以专家的身份帮股民分析股票,实际上是想了解股民持有的是哪只股票、价位如何、买了多少股等基本信息。

步骤二:诱骗股民卖掉手中的股票。在取得股民的初步信任后,骗子会建议股民卖掉手中的股票,他们会找出很多理由,来说明股民所持有的股票一文不值,建议股民炒他们公司的股票,并告诉股民他们专家是如何厉害,是如何赚钱的。

步骤三:诱惑股民与其合作。当股民在骗子的鼓动下,卖掉股票之后,骗子会说服股民与他们公司合作,并告诉股民,他们的专家是如何带着股民赚钱的。

步骤四:骗取股民钱财。待股民完全相信骗子的话后,他们会发账号叫股民交钱,至于交多少钱、一般要看股民有多少资金在股市操作,能骗多少骗多少,是骗子一贯的作风。

以上就是炒股公司骗人的步骤，为了达到诈骗的目的，骗子通常会采取以下骗术：

（1）以高额回报为诱饵

骗子通常会在电话访问中一再强调公司是如何的赚钱，以高额回报为诱饵进行欺骗性游说，并且主要是以怎么操作股票赚钱为由头，目的就是吸引客户能到他们公司去咨询。

（2）以股票优势操作法吸引客户

股票公司常号称在他们这里买股票有三大优势，一是既可以买股票涨，也可以买股票跌；二是资金可以放大十倍投入；三是他们的股票可以做"T+0"交易模式。"T+0"的操作模式是当天你随时可以买进卖出，正常的股票是"T+l"，是当天买了股票到第二天才能抛出。"T+0"，一天之内可以做多场交易。

知识链接

炒股有风险，入市须谨慎。每个股民都应该明白这句话的含义，防范炒股公司的骗局。首先，不要轻易地相信所谓的快速炒股赚钱的网站或者是电话。其次，克服投机取巧，不劳而获的心理，天下掉不下馅饼，只有陷阱。

如果大家从心理上有了戒备，骗子也就无从下手了。骗子在实施诈骗时，往往会让投资者先尝到一点儿甜头，在投资者资金量投入比较小的时候，他就先让投资者赚一点儿，当投资者投入大量资金进去，骗子就会携带巨款逃之夭夭。

79. 校园贷有哪些黑幕?

小王是一名大三学生,2020年年初,在室友的介绍下,小王认识了同校师哥小郑,并得知一种名叫“做单”的赚钱方式,就是从App平台上借款,借出来之后直接转给他,都是由他来还,每单一千块钱的报酬。

一听不用自己还贷,还有报酬可以拿。小王没考虑多久,便答应了小郑的请求。2020年5月,小王以自己的身份信息在一个名叫“名校贷”的借款平台上,借款2万2千元。随后,她便把钱打给了小郑,自己也拿到了相应的报酬。在之后时间里,贷款也确实都是由小郑偿还的。直到2021年,事情发生了变化。

小郑说“名校贷”平台出了点问题,剩余款项必须一下还清,但自己手里并没有现钱,所以需要她从别的平台借款,补上这个窟窿。由于小郑态度很诚恳,而且小王也担心自己的信誉受到影响,无奈便答应了小郑的请求,就这样小王共在40多个借款平台上借款,总额高达17万元,加上利息共44万元。

近年来,互联网金融蓬勃发展,大学生分期消费市场获得了诸多青睐,众多“校园贷”金融机构网络服务平台纷纷到高校“跑马圈地”。各网贷平台更是不断更新针对大学生的贷款项目,“分期购物”的形式、类型不断更新换代,从传统的电商购物平台分期购买,再到旅游、考驾照、做生意甚至生活费都可以从网上借到钱。在便利了学生的资金需求的同时,还应注意到,这些平台有些为了扩大市场,没有考虑学生的还款能力、还款来源。同时,这些网贷平台有些并不规范,利用各种手段套路学生借钱,上述案例就以做单赚钱的方式欺骗受害者,将小王拖入校园贷的深渊。

校园贷严格来说可以分为四类：

(1)消费金融公司——如趣分期、任分期等，部分还提供较低额度的现金提现。

(2)P2P贷款平台(网贷平台)，用于大学生助学和创业，如名校贷等。因国家监管要求，包括名校贷在内的大多数正规网贷平台均已暂停校园贷业务。

(3)线下私贷——民间放贷机构和放贷人这类主体，俗称高利贷。高利贷通常会进行虚假宣传、线下签约、做非法中介、收取超高费率，同时存在暴力催收等问题，受害者通常会遭受巨大财产损失甚至威胁自身安全。

(4)银行机构——银行面向大学生提供的校园产品，如招商银行的“大学生闪电贷”、中国建设银行的“金蜜蜂校园快贷”、青岛银行的“学e贷”等。

知识链接

经过整治，校园贷得到遏制，但出现回租贷、培训贷等诸多“新马甲”。校园贷严重扰乱校园环境和市场环境，严重危害学生人身财产安全和社会稳定。2017年教育部等部门联合下发《关于进一步加强校园贷规范管理工作的通知》，明确要求未经银行业监管部门批准设立的机构不得进入校园为大学生提供信贷服务。公安机关始终保持对校园贷的高压严打，前不久沈阳公安就破获一起校园贷案件，涉案金额高达1000余万元。此外，很多商业银行加大高校助学、培训、消费、创业等金融产品的研发和推广，为大学生提供规范、合法的金融服务，从而将不良网贷赶出校园。

80. 保健品能随便买吗？

老年保健品市场鱼目混珠，五花八门的骗术更是让老人防不胜防，不仅让老人损失了钱财，甚至影响了身体健康。下面就为大家曝光一些不法商家常用的骗人伎俩，提高大家的防范意识。

(1)虚假宣传

一些骗子打着知名组织的旗号推荐保健食品，比如“世界卫生组织”“中国老年保健协会”，以及一些根本不存在的组织，如“中国中老年人康复工程万里行组委会”“世界卫生组织国际健康老年协会”等，诱骗老人上当。另外，虚假宣传还包括随意夸大保健品的功效，把产品宣传得神乎其神，甚至号称“包治百病”，连癌症都能治愈。其实，正规保健品都有国家批准的功效，任何保健品都只能起到保健或治疗时的辅助作用，并不能起到治疗作用。

(2)办讲座设圈套

为了树立权威形象，骗子还经常与新闻机构、协会联合开展义诊咨询活动，办理健康教育讲座，进行免费身体检测等。以借助这些活动，给消费者“洗脑”，诱使他们购买保健品。

(3)打着“进口、专利、高科技”的字眼吸引人

随着生活水平的提高，老年人对自己的健康也越来越关注，为了吸引老年人的注意，骗子常常打着“进口、专利、高科技、绿色环保”的旗号，将普通的商品宣传成高科技或绿色环保商品，使老人上当受骗。

(4)利用小恩小惠忽悠人

为了取得老年朋友的信任，骗子常常利用小恩小惠“贿赂”老人，比如办免费讲座，并赠送小礼物，推销某低价物品，称可回家试用；以免费专车、旅游、赠送体检等“策略”推销保健品，一旦老人上当，他们就会骗

取高额钱财后走人。

(5)利用国学和中医理论蒙人

骗子为了赢得老年人的信任,会利用国学和中医理论夸大宣传产品的功效,或者利用《本草纲目》《中国药典》等名著,将其内容断章取义、强调保健食品中某种原料所具有的疗效,来暗示产品的疗效。

(6)将国产产品宣传成外国进口产品

《保健食品标识》规定,保健食品标识与产品说明书必须以规范的汉字为主要文字,可以同时使用汉语拼音、少数民族文字或外文,但必须与汉字内容有直接的对应关系,并书写正确。所使用的汉语拼音或外国文字不得大于相应的汉字。但骗子会将外文标在主要展示面,字体比汉字还大,借以宣传是外国进口产品。

(7)假意增加感情,实际上搞促销

骗子利用独居老人渴望与人交流的心理,先是对老人热情打招呼,继而天天上门嘘寒问暖,帮忙料理家务,在取得老人的信任后,借机推销价格不菲的产品。

总结分析老年人购买保健品上当的原因,既有老年人健康意识强、对保健品"情有独钟"的原因,也缘于骗子的推销手段越来越隐蔽,越来越具有欺骗性。

知识链接

近年来,随着人们生活水平的提高,大家对保健品的关注程度也大有提高,特别是一些老年朋友。然而,目前市场上保健品的质量参差不齐,并存在一定的骗局,那么,老年朋友该如何防范保健品消费陷阱呢?

(1)对上门来推销产品的不要轻易相信,对推荐的医疗用品更不能购买,对推荐的各类医疗卡也不能相信,因为按有关规定,医疗用品及收费办卡,不能采取走门串户的方式。

(2)老年人应该提高理性思维能力,这才能从源头上杜绝上当受骗,平时常学习、增见识，形成对外界的科学认识，平常要多听、多看，多了解社会上的人和事。

(3)老人遇到大事要多和子女沟通、商量，遇到陌生人的花言巧语也要多打几个问号，千万不要轻易相信他人。

81. 如何防范装修骗局?

家庭装饰装修属于一种特殊行业，消费者因为难以成为专业人员，所以在与装修公司洽谈时，很容易落入对方的圈套，下面我们就来说一说如何破解装修中的骗局。

(1)单项面积存猫腻

通常业主多会关注单项的价格，实际的面积多是大致估计，殊不知，这是装修公司最容易做手脚的地方，如果每项面积都稍微增加一些，单项价格又高，其中的利润是非常可观的。为防止上当受骗，在单项价格确定后，一定要和装修公司一起把单项的面积尺寸丈量一下。

(2)装修材料没有做明确说明

由于业主更多地会关注单项的价格，所以，装修公司在报价时往往不会对装修材料做具体的说明，尤其是用料的规格、等级，以及甲醛、苯含量等方面的规定。建议业主，一定要当面核实清楚材质、规格和等级，并作为合同的附件，以免出现偷工减料的情况。

(3)用料以次充好

有些装修公司会分批进料，先进部分好的材料让业主验收，然后趁业主不在，再进劣质材料。甚至干脆不先告诉业主装修进程，直接使用劣质材料。针对这种情况，业主要不定时地出现在工地上，不要让装修工头摸清规律。

(4)增加工程的骗局

有些装修公司在报价时,会故意把一些明显要做的工程舍掉,等签了合同报完价后再增添项目,在谈论价格时,业主就失去了主动权,任由装修公司宰割了。防止此类骗局,业主最好多征求已经装修过的人,或者是监理的意见,看看是否有必须要做的工程确实被有意删掉的。

(5)装修施工队“眉毛胡子一把抓”

有些装修施工队的水电工是全能工,什么都能干,但他们既没有上岗证,也没有很高的专业水平,这样的装修很容易出现问题。为防止这类情况的发生,最好请一个有专业水平和上岗证的水工、电工,而且最好分开请。

(6)小采购上占便宜

有些装修工头会不时地差遣业主买点小零件,尤其是当业主在购买合同规定的材料时,他会要求业主买些暗盒、电线、木条等小东西,殊不知,这些零件都是算在工程款里面的。因此,遇到此类情况,该代买还是要代买,但账目一定要算清楚,每次买完后留下发票或收据。

(7)不经业主同意卖“废物”

这点主要适用于旧房,虽然卖掉的东西不一定很值钱,但不经业主同意随意卖,却会令人很不舒服。出现这种情况,必须提早跟工人或工头说清楚,要卖所谓的废品,需要跟业主打招呼。

知识链接

挑选一家信誉优良的公司,是避免装修上当受骗的前提,那么如何挑选装修公司呢?总的来说,应该从以下方面考察装修公司:

(1)有正式的工程施工资格和相关资质

在挑选装修公司时,一定要检查营业执照、资质证明,除此之外,还要查看公司是否有工程施工的资格。另外,对公司有无正规的办公地点，是否能出具合格的票据等，都需要仔细核实。最好能够考察一下公司已做过的工程，以此来做出判断。

(2)了解装修公司的报价方式

目前，装修公司的报价方式有两种：一是消费者报出想投入多少钱，由装修公司结合要求进行设计和报价；二是提出居室装修的具体要求，由装修公司报出实现要求需要花多少钱。建议大家在与装修公司接触时，最好不要将准备花多少钱告诉装修公司，等到装修公司同意承接后，再进行报价。

(3)确定设计和报价

装修公司在了解客户的要求后，会交付设计图和详尽的报价单，拿到这份材料后，首先要看设计是否符合要求，在确认了设计方案后，再仔细考察报价单中每一单项的价格和用量是否合理。

(4)认真签署装修合同

认可了报价后，装修公司会与客户签订一份施工合同书，在签署施工合同时，一定要注意几个细节：写明装修的具体要求和完工日期，注明使用装饰材料的具体品牌，分清责任。

82. 什么是商标代理骗局?

在很多行业中都存在着奸商和欺诈现象，这种现象在商标代理行业中也同样存在。现在，有一些不良机构以低价注册、包成功等诱饵招揽生意，以下曝光“黑代理”编人的伎俩，提醒广大商标申请者注意。

(1)以内部有关系为名进行诈骗

一些商标代理机构在洽谈业务时，经常告知或暗示申请人，因为与

“商标局有关系”，所以，办理申请很方便，保证成功。实际上，商标注册是一个复杂而烦琐的过程，商标局进行商标注册审查的共有百余号审查员，分布在五个审查处，每个审查处有对应的审查类别，每个商标的审查都要经过各审查处的多个工作环节的审查和复核，根本不可能靠一两个关系人就能搞定。

(2)以低价为诱饵

不少“黑代理”机构抓住一般人贪小便宜的心理，以超低价引人上当，甚至号称免费办理，或者冒充商标局专业人员收取查询费，从而实施诈骗。大家应该知道，任何一家商标代理机构所收取的商标申请费用都是由两个部分所组成的。第一部分是国家商标局委托商标代理机构收取的费用；第二部分是商标代理机构所收取的代理服务费。一般情况下，单项商标注册申请的代理收费低于1800元，就有可能是骗局。

(3)以“注册时间短”吸引人

商标注册申请的周期是随着我国商标审查的基本程序、商标申请的数量和审查人员的配备等所决定的，并不是随某些人的意愿可以擅自改变的。一般情况下，一年(视不同申请类别有区别)的基本审查周期是无法改变的，这还不包括可能遇到的补正、驳回、异议等其他因素。“黑代理”打着注册时间短的名义吸引人，实则是对客户的欺骗，要么是先把客户的钱骗到手再说，把注册的事情一拖再拖；要么在极短的时间内伪造出一份假的商标注册证欺骗客户，而后就卷款逃之夭夭。

(4)打保证成功的包票

以保证商标注册成功作为承诺，是一种具有极大误导性的欺骗现象。实际上，商标注册有严格的法律审查程序，其本身具有一定的风险。所以，打着保证成功的包票，多半是骗人的，切勿相信。

(5)防止电子商标诈骗

所谓的电子商标注册其实是域名注册，商标只有未注册商标和注册商标之称,根本就没有所谓的电子商标。商标需要在商标局申请,域名需要在中国互联网络信息中心申请,无须再申请电子商标。

知识链接

电子商标诈骗的过程一般是这样的:首先,受害者会收到类似于"您新近批的商标已经有人抢注,请您尽快办理电子商标的注册手续,并交纳1500元/年的使用费,您要是不注册,也许自己的品牌就要被他人抢注了"的信息。然后,骗子会要求受害者将自己的公司进行电子商标注册,需要支付网页制作、维护费等费用,并承诺初审的商标申请经注册公告后,将自动进入注册商标展示库。

实际上,这是一些网站用以推销中文网络域名或网络实名的手段,电子商标只是推销商用以哄骗企业的噱头。提供网络实名服务的是网络服务商,所谓的电子商标只能在提供网络实名搜索的条件下起作用,如果利用其他搜索引擎,则电子商标没有任何意义。

83. 如何防范外贸公司骗局?

时下,越来越多的人拥入进出口贸易的大军当中,他们怀揣财富梦想。但是,外贸淘金之路并非坦途,不小心就会落入骗子编织的陷阱中,骗人的手段是花样百出、名目繁多,有以超高价格为诱饵,也有以信用证为目标的,更多的是找出种种借口不提货或者伪造银行单据。那么,外贸该如何防骗呢?

(1)外贸骗局的步骤

第一步,办理营业执照。诈骗公司取得营业执照,通过办理企业登记、帮企业取得营业执照的专业代理公司办理,提供一些假身份证来填写企业法人。

第二步，租办公地点，做宣传。拿到营业执照后，骗子开始租办公室，多是比较豪华的写字楼，然后在平面媒体做广告，刊登求购信息、采购信息。

第三步，等待“鱼儿”上钩。等待小企业上钩，小企业上钩后，骗子会设置虚构的订单，提出要到公司考察，并让公司出一些考察费用。

第四步，签订合同。考察过后，诈骗公司会和小企业签订正式合同，要求小企业交大货保证金，得手后，骗子便逃之夭夭。

(2)外贸骗局的骗术

①设置诱饵。外贸骗子会假称有大宗生意，先通过网上联络工具一步一步沟通，取得你足够的信任，然后就会要求你先支付一些费用，比如翻译费、来华考察费等，一旦收了钱，他们就开始玩失踪。

②定做产品的骗局。诈骗公司往往要求你生产定做产品，市场上没有的产品。首先外贸公司会向你下订单、讨价还价，和正规的外贸公司一样。签合同之后，预付30%的款，交货后付剩余70%的款。一般你在收到预付款之后就会生产，然而，当你的货物快生产完成或者已经生产完成时，就会接到对方打来的电话，找各种理由，不要你的产品了。由于是定做的，你的货物根本卖不出去。几个月之后，又有人突然来买你的库存货物，但是将价格压得很低，让你进退两难。防范这类骗局，不仅要收取对方的预付款，还要要求对方交纳定金，另外，还要加上违约赔偿条款。即使是这样，也是有一定风险的。

③信用证骗局。信用证结算方式是国际贸易结算的主要方式，有些国外客户为了蒙蔽外贸公司，常以可开立信用证来获取信任，而设陷者往往在信用证中规定一种条款，而这种条款能否实现完全取决于开证人，受益人无论怎样努力都不可避免地被拒付，这种条款就是所谓的“软条款”。

④回扣骗局。这种骗局是以正常的贸易手段来与你达成交易,但在签合同前向你提出要回扣。这个吃回扣的现象在正常的贸易中也是有的,但骗子会以各种理由要求你先付给他回扣,之后跑路。

⑤合作骗局。诈骗公司会发传真要报价,然后说对方客户已经认可,初步下订单。这个订单往往都比较大,要你公司经理以上或法人代表前去签真正的合同。当你一行人到达后,了解对方的情况,相信对方后,你却发现不是签合同,而是签合作书,要你先付一定的合作费。

⑥运输过程中的骗局。进出口贸易运输环节的陷阱最难被人识破,因为海洋运输和多式联运环节多、周期长、手续繁杂,所以一些设陷阱者大多以中国进口大宗原材料或大宗国内急需商品为名勾结信誉不好的运输代理商,伪造运输提单,骗取国内货款。

知识链接

了解假外贸公司的特征,基本可以避免被骗,避免因受骗而造成不应有的损失。假的外贸公司通常有以下特征:

(1)对产品不关心

诈骗公司一般不会详细询问产品情况,如规格型号、性能、质量、售后服务、用途等。

(2)格式化的询价

格式化的询价是指事先印好询价格式,然后填上你的单位名称、需求的产品品名,四处散发,诱人上当。

(3)不关心产品价格

诈骗的外贸公司不会关心产品价格高低,或只是装腔作势地随便问一下,并且求购数量巨大。

(4)不着急看货,急着签合同

诈骗的外贸公司不过来看厂看货,反而会让你去他处,并承诺可以预付定金,签订合同。这是假外贸公司的最大特征。

84. 什么是信用卡非法套现诈骗?

如今,使用信用卡消费已经成为一种比较普遍的消费方式,可是有些人不满足于信用卡的消费功能,打起信用卡套现的主意来。信用卡套现是指持卡人不通过 ATM 或柜台等进行现金提取,而通过其他非正常手段,将信用卡信用额度内的资金以现金方式套取出来,同时又不支付银行提现费用的行为,相当于一笔无息贷款。

那么,诈骗分子是如何实现信用卡非法套现的呢?通常有以下几个步骤:

步骤一:办理假证。办理假证是提高办卡机会和透支额的主要手段,这些假证包括收入证明、房产证、工作证等。非法贷款公司一般与办假证的非法人员有联系,通过这种手段,拿到一整套的证明材料是轻而易举的事情,由于银行审核时只看复印件,所以,很容易让诈骗分子蒙混过关。

步骤二:注资逃过免息期。骗取信用额度之后,贷款服务公司就可以帮你套现,扣除手续费之后将资金交到你手上。如果想延长套现的时间,则需要免息期满时,再次赶到该公司,他们把公司资金注入信用卡,相当于还上了贷款,之后再将其取出。

步骤三:骗取手续费、代办费。贷款服务公司还可以通过商场、百货公司的收银台直接套现,在提取 10% 的佣金以后交出现金。但其真正的目的是诈骗各式手续费和代办费。相关调查显示,一般申请者资料较全的,能套现 1 万元的,收取 300 ~ 500 元手续费;需要补办假证件的,一般收费为 800 元左右。如果贷款服务公司以诈骗为目的,收费的费用可高达几千元。通常在办卡之前,客户和贷款公司会签订关于贷款一事的协议书。协议中规定:“本公司向甲方提供信用卡融资大额存单之费用,款下后自动转为服务费，如款未到位，扣除利息后，全额退还。如甲方中途不办不予退费。”可能大多数人不会留意这个条款，其实，这正是信用卡套现的圈套所在，如果银行收紧信用卡审核，使得信用卡无法办理，贷款公司就会以银行审核为借口，骗取用户的钱财。

信用卡套现存在着一定的法律风险，根据央行颁布的《信用卡业务管理办法》规定，持卡人套现行为属于违法行为，持卡人将受到套现金额的30% ~50%的处罚，套现行为还会影响其个人信用记录并列入信用“黑名单”。如果套现者拒不还款，便触犯了《刑法》中恶意透支的条款，最高可判处无期徒刑。

知识链接

信用卡套现增加了我国金融秩序中的不稳定因素。我国对于金融机构有严格的准入制度，对金融机构资金的流入流出都有一系列严格的规定予以监控。那些诈骗分子联合商户通过虚拟POS机刷卡消费等不真实交易，变相从事信用卡取现业务等行为却游离在法律的框架之外，违反了国家关于金融业务特许经营的法律规定，背离了人民银行对现金管理的有关规定，还可能为“洗钱”等不法行为提供便利条件，这无疑给我国整体金融秩序埋下了不稳定因素。

对于持卡人个人而言，信用卡套现行为也给自己带来极大的风险。表面上，持卡人通过套现获得了现金，减少了利息支出，但实质上，持卡人终究是需要还款的，如果持卡人不能按时还款，就必须负担比透支利息还要高的逾期还款利息，而且可能造成不良的信用记录，以后再向银行借贷资金就会非常困难，甚至还要承担个人信用缺失的法律风险。

85. 如何防范合同诈骗?

合同诈骗是以签订合同为幌子,以虚构事实或制造假象掩盖真相为手段,以蓄意骗取公司财务占为己有为目的的一种不法行为。当前,合同违法行为几乎成为企业经济活动中的一大公害,合同诈骗案件逐年增多,且其行骗手段更加隐蔽、智能,常见的形式有以下几种:

(1)合演双簧

骗子们事先串通好,一方假扮客户,一方假扮介绍人,先由“介绍人”出面找到厂家,谎称有客户需要加工某种产品,然后由“客户”出面与厂家签订加工供货合同,借机收取所谓的信息费、立项费、中介服务费等。在厂家付给“介绍人”相关费用后,再让厂家与“客户”订立虚假加工承揽合同,并借机收取质保金、履保金、材料款等费用,最后,“客户”寻找借口,宣布合同无效。这样,骗子通过相互勾结,一唱一和,共同上演合同欺诈的双簧戏。

(2)骗取定金

比如在合同上规定:某月以前双方在广西交货付款。表面上看此条款并无问题,但仔细琢磨一下就会发现,交货地点根本不明确,广西这么大,具体在哪里进行交易呢?这样的合同是无法履行的。为了弥补漏洞,就需要再订立一份细则性的副件,就是所谓的副合同,前一个即主合同,实际执行以副合同为准,针对这一情况,骗子会故意在主副合同之间制造矛盾。这样,当一方按照副合同规定履行合同时,骗子就以不符合主合同的原则为由,宣布合同无效,从而骗取定金。

(3)骗取业务费

骗子们私刻公章,虚构大宗业务,伪造委托书,谎称自己是被委托人,与客户签订合同,收取“业务费”后,以合同不合规定等借口毁约,进行诈骗。

(4)以合法公司名义行骗

骗子为了便于实施诈骗的目的,持伪造的身份证件,到工商管理部门登记注册成立公司,然后,以公司名义招聘员工、培训员工,由员工进行诈骗。这样以合法公司名义行骗,与客户签订合同,可以减少行骗的风险,增加行骗手段的隐蔽性。

(5)利用紧俏商品诈骗

骗子根本没有货源,只是利用了人们崇尚紧俏商品的心理,来施展欺骗术。比如,在钢材价格上涨的时候,骗子制造假证据,谎称自己通过关系购进一批钢材,价格优惠,然后大肆发布消息,使商家在未见到货源的情况下,匆匆与其签订供销合同,实施诈骗。

(6)利用合同和图纸上规格矛盾欺诈

在签订产品加工合同时,骗子往往在厂方未觉察的情况下,故意与厂家订立与图纸要求不符的合同;或利用签约时厂家没有在合同与图纸上盖上骑缝章的漏洞,偷换图纸,使合同上所规定的产品要求与图纸相应的标准产生矛盾,以此为借口诈取合同款、违约金及赔偿费等。

(7)假扮"大客户",放长线钓大鱼

不法分子常利用厂商对熟客经常提供先货后款这一优惠政策的特点,假扮大客户,以"试货""观察市场反应"等借口,与厂商签订数额较小的合同,予以履行。待取得对方信任后,骗取全部货物,或者先给付少量货物,蓄意骗取全部货款。

知识链接

目前,合同诈骗手法五花八门,要想在订立合同时防止受骗,大家应从以下方面入手,进行防范。

(1)完善合同审查制度

合同诈骗往往是利用企业管理制度上的漏洞,那些制度不健全、防范不严的企业，往往是骗子们下手的对象。因此，企业应建立一套相对完善而又严密的合同管理制度并严格执行。

（2）审核资信是防骗的必备手段

在与对方签订合同之前，一定要审核对方的资信，如果是单位，就应审查是否有从事相关经营的资质、履约能力和信用等级等；如果是个人，就应审查是否属于限制行为能力人、无行为能力人，是否对合同标的有处分权。

86. 如何防范黑导游诈骗？

黑导游欺客宰客虽然套路花样繁多深不可测，但总的来说套路总共有三招，即“价格陷阱”“感情陷阱”和“大师陷阱”，所用的武器也并不神秘，不过是“免费的午餐”“鳄鱼的眼泪”“李鬼冒充李逵”之类。

（1）警惕价格陷阱，当心“免费的午餐”

不法人员往往通过散发小卡片、街头招揽或在网上发布虚假宣传信息，以超低的价格诱骗游客参团，一旦游客参团，再以增加购物、变相收费、偷换景点、去购物店等手段从游客身上非法牟利。

（2）警惕感情陷阱，当心“鳄鱼的眼泪”

非法“一日游”游览中，导游常常会通过向游客讲述自己的辛苦和不易，装可怜、打感情牌取得游客的同情，然后套路游客前往其拿回扣的购物店购物；即便没有上当，导游或司机也会以就餐、接受执法部门检查的名义将车停靠在旅游购物店，将游客诱骗至购物休息区后随即“消失”，接下来，不法商家就会安排包装成“富二代”的讲师，按照固定话术大打亲情牌，逐步讲述自己孝心行善的故事，趁游客感动之际，开始高价推销低端劣质产品。

(3)警惕大师陷阱,当心“李逵是李鬼”

大师陷阱多是一些骗子冒充大师,以开光、祈福之名高价售卖玉器的连环骗局,套路往往一致:先是出租、黑车司机在市内客流量大的景区、宾馆附近趴活揽客,接到游客后,司机以“机会难得、高人执笔”为幌子接力给游客洗脑,推销“大师”作品,待游客到达目的地后,再以假冒书画“大师”之名诱骗游客高价购买价值低廉的字画。

知识链接

这种黑导游骗局只要小心警惕,就很容易被拆穿,因此骗子往往抱着骗一个人是一个人的心理,在实施骗术后立即消失。总的来说,这类黑导游骗局常出现在一日游等短期旅行模式中。防范此类黑导游骗局,大家需注意以下几点:

(1)不要轻信低价宣传

对于低价宣传一定不要贪心,避免遭遇中途加价、改变行程和强行购物等欺客宰客圈套。如果需要在当地进行短期一日游,可登录当地文化和旅游局官网查询正规旅游企业名录,也可登录一些旅游网站,或者拨打旅游集散中心电话进行报名或咨询。

(2)被骗后报警或投诉

如发现自己被黑导游骗了,一定要保留购物票据凭证,最好录音录像,待行程结束后第一时间拨打旅游投诉热线12301进行投诉,如遇强迫交易等不法侵害,拨打110报警,坚决维护自身合法权益。

(3)不轻信所谓“大师”

当我们在旅行时,遇到一些自称是高人的“大师”就要小心提防了,他们一般都会以各种话术忽悠你购买一些假玉器、假书画等商品。游客遇到这种情况,请务必冷静,不要发生争执,在保证安全的前提下摄录司机和“大师”的话术,保留相关证据,事后及时拨打110举报。

第六章 社区居民防范新型诈骗知识

87. 莫名快递能随便签收吗?

小高前段时间在网上买了一个玩偶,三天后,小高在家午休,忽然一个标记为快递员的号码给小高打来了电话。小高接起电话,对方立即开口:"您好,请问是高××吗?""是我。"小高回答道。对方自称是某某公司的快递员,"您有一份礼物快递待收,请问您现在是在家吗?我即将派送商品。"待小高确认后,快递员立即上门给小高送来了快递。

接到电话的小高非常疑惑,不知道是谁给自己送来了礼物,等收到快递的时候,发现快递单上的发货人是自己前几天买的那家玩偶店。小高以为是自己好评后店家附赠的礼物,想也没想就收了快递。快递员告知小高需要支付25元的快递费,小高也立即就给了。但等小高打开包裹后却发现,快递盒里寄来的是一张莫名其妙的卡片,上面只有一个二维码。小高觉得不对,立即在淘宝上联系店家核实情况,店家表示自己从未寄过任何礼物,此时小高才意识到自己被骗了。

货到付款已成为不少居民网购的首选,这种不出门就能买到东西的方式给人们带来了便捷、舒心的生活体验,消费者只要在家就可以享受到快递上门寄件、收货。但这种服务也容易被诈骗分子盯上。

上述案例中的货到付款是快递骗局中常见的一种,发生地点多为家里,骗子主要冒充快递员,以赠送大礼为幌子上门实施诈骗。受骗者通常会抱着“你送我礼物我也不吃亏”的想法接收快递，但没想到需要支付快递费，而一般需要支付的快递费比收到的礼品价值更大。

除此之外，快递骗局还有以下几种：一是“快递员”谎称包裹遗失，要求加消费者微信赔偿。添加微信后，“快递员”发送二维码，里面有诱导性网址链接，骗取消费者验证码后更改用户账户，把钱转到理财账户后被提走。二是骗子假冒客服诈骗，以购买产品缺货、产品出现质量问题、快件丢失等为由给消费者打电话、发短信，同时以“赔偿承诺”为由向消费者索要个人信息和银行卡账号信息。

知识链接

由于此类手法具有较强的欺骗性，大家一定要注意以下几点：

(1)要找官方核准信息

如果接到自称是快递公司，声称有快递待接收或需要赔款等电话，一定要通过官方渠道查询核实。

(2)谨慎添加陌生好友

对陌生人要提高警惕，即便对方表明自己是快递员，也不要在未核实其身份的情况下，轻易添加好友。

(3)谨慎对待不明链接和二维码

当对方发来一些链接或者二维码时，不要轻易点击，以免进入钓鱼网站或手机中毒，造成个人信息泄露。

(4)谨慎进行钱款操作

骗子不论以何种方式与你进行钱款交易时，大家切记不要在网上按陌生人的提示进行操作，避免造成财产损失。

(5)核实情况再做决定

代人收快递时，要先与当事人进行确认。寄件人不详或者联系不上的，建议直接拒收。网上购物下单后送货过于神速的要警惕，小心订购商品未发货，“快递员”已来敲门。

88. 如何防范旅游“天价消费”骗局？

正值樱花开放的季节，温某与家人一起前往日本旅游。在日本游玩了几天，各大网红地都打卡后，家人计划返程，返程前他们想给国内的朋友带一些日本的特产。由于不知道选择什么特产，温某一家特地咨询了当地人。当地老板向他们推荐了一种很贵的岩盐，并且向温某一家宣传：这种岩盐吃了能够让人的身体更加健康，而且这种岩盐不同于海盐，它不仅形状非常漂亮，还富含多种营养元素。将它作为特产带回去一定特别体面又好看……

在店家疯狂的推销下，温某的父母立即花了几万块购买了这种岩盐，虽然价格很贵，但他们觉得一分钱一分货，买了肯定不亏。回到国内后，温某的父母将这种岩盐送给了一些亲朋好友，还告诉他们这种岩盐是日本特产，吃了身体会更健康。

一位朋友在收到这种岩盐后哭笑不得，告诉温某的父母：“这种岩盐不是日本的特产，我国西藏一些地区就有，我之前见漂亮也买过，我还上网查了一下，专家说这种岩盐和普通海盐没什么区别，国内 5 块钱就可以买一斤，你们完全是被坑了！”一席话说得温某父母后悔不已。

随着旅游业的发展，一些骗子也开始盯上旅游特产，企图用各种话术将其包装成为当地最珍贵的物品，让游客花高价为其买单。骗子利用消费者对旅游地物产的不熟悉，让他们误以为自己买到的真的是珍贵的特产，别地买不到，却没想到现在交通运输行业如此发达，很多物产其实早就可以随意互通。

不仅是国外，国内也有一些“天价”商品骗局，例如海边旅游城市就曾卖出“天价”虾、一些游客曾买过“天价”药材、“天价”茶叶等。这些不法商家用一些寻常甚至虚假商品放到旅游地售卖，同时用高超的话术忽悠人，即便游客事后发现自己被骗，大多也会自认倒霉。

知识链接

防范旅游购物骗局，关键在于不要冲动型消费，要注意以下几点：

(1)旅游购物也应做到货比三家

为保障自己利益不受伤害，建议消费者选择明码实价的商店，并要在出行前对自身所购商品有个了解，比较市场价格、了解商品特点、查明售价等。特别是在购买金银、珠宝首饰、手表等贵重商品时尽量不要冲动购买。

(2)购物前注意辨别真假

一定要辨别真假之后再购买，在付款前一定要确保把交易时售货员做出的口头承诺都清楚列明在发票上，并在发票上注明材质、规格、款式、重量、产地和价格等，尤其是赴境外旅游的消费者购买贵重商品时更应慎之又慎。

(3)不要轻易签订商家一方定下的购物条款

报名参加纯购物游时，首先要了解旅行社条款，并协商好售后服务的问题，明确一旦在约定的地点购物出现物品质量问题如何解决。

(4)具备一定的法律意识

为了避免可能出现的购物风险，游客在境外消费时还应当具备一定的证据意识，根据法律适用范围的原则，我国公民赴境外旅行，如果是自由行或在跟随旅行社组团出游过程中自行购物，所发生的境外消费纠纷，只能由其自己承担所有维权成本，并按照旅游目的地的国家或地区法律来执行。因此出国旅游购物时一定要小心谨慎，应保存好全部票据，这有助于在出现纠纷时有据进行维权。

89. 求职中会遇到哪些骗局?

任先生的儿子退伍后一直找不到合适的工作,任先生很是着急,后经一朋友介绍认识了一家公司的老板钟某,朋友称其关系广,路子宽,能够帮任先生的儿子找一份好工作。见面后,钟某说,现在找个好工作不容易,但是通过活动,利用关系还是能够办到的,并称市委市政府中就有自己的同学和朋友,只是需要20万元的活动经费,才能保证任先生的儿子当上公务员。

20万元不是一个小数目,对于任先生来说,确实有些困难,但是思前想后,他觉得只要能让儿子当上公务员,花20万元还是值得的,便答应下来,并先将15万元交给了钟某做活动经费,钟某承诺两个月后一定把这事办成。

很快两个月过去了,工作的事情却没有着落,任先生打电话催促钟某,钟某说事情已经办得差不多了,还差最后一道手续没办成,需要5万元疏通关系。于是,任先生赶紧凑齐了5万元交给了钟某。就在任先生一家满心欢喜等待上班通知时,他们却发现,钟某的电话打不通了。

骗子利用人们急于找工作,尤其是想到工资待遇好的单位任职的心理,声称自己有门路、关系广,向当事人索要高额的"疏通关系"钱,结果往往导致受害者是工作找不成,钱反而被骗了。在此提醒那些急于找工作的朋友,千万不要轻易相信他人,应增强安全意识,加强自我保护,以防受骗上当。下面我们再来介绍几种求职中的常见骗局:

(1)租赁临时办公场所招聘诈骗

骗子打着知名企业或虚假单位的幌子在繁华地段临时租赁"办公地

点"进行招聘，以丰厚待遇为诱饵，要求求职者交纳报名费、面试费、培训费、保险费、押金等款项，然后让求职者回去"等通知"，自己则卷款走人。

(2)与非法中介、皮包公司合伙诈骗

先由中介公司以推荐工作为名收取报名费、服务费，再由录用单位假装招聘，收取体检费、服装费、押金等，应聘者工作没几天就被莫名辞退。

(3)电话"遥控"招聘

骗子经网络、短信发布招工信息，然后通过电话与事主联系，骗取信任，继而以交体检费、培训费等为由要求其汇款。钱一到账，骗子立即"人间蒸发"。

知识链接

每年的求职高峰季，都有很多求职者遭遇求职诈骗，既给求职者带来财产损失，也让求职者身心俱疲，那么如何防范求职诈骗呢？

(1)提高防骗意识

天上从来不会掉馅饼，遇见"好事"要多长几个心眼，不要糊里糊涂地就上钩。另外，要多学习一些常见的诈骗案例，提高自己的防骗意识。

(2)选择正规的求职渠道

无论是线上或者线下求职，都要选择正规的招聘渠道，线上选择大型的招聘网站，线下通过正规的人才市场，不要通过路边的广告求职，尤其是一些"黑中介"。

(3)注意保护个人隐私

不要在陌生的求职网站填写求职简历，也不要向不靠谱的公司投递个人简历，注意保护个人的身份信息，免得骗子利用这些信息进行诈骗。

(4)保护好个人证件

求职时一定要保护好个人的有效证件，例如身份证、毕业证等，因为正规的公司是不会扣押这些证件的。另外，也不要随便送出这些证件的复印件，一般要在复印件上做好备注信息。

(5)警惕高薪招聘

要对自己有个清醒的认识,有多大本事拿多少薪水,又轻松、薪水又高的工作怎么可能到处都是。

(6)不提前支付钱款

一般要求支付押金之类的工作不靠谱的可能性十分高,而这些押金很容易肉包子打狗有去无回。

90. 如何防范试用期骗局?

小叶学的是英语专业,大学毕业后,很快找到了一家翻译中心,做翻译员,老板承诺试用期为三个月,试用期月薪2000元。小叶对这个工资很不满意,不过,老板一再承诺,试用期满正式录用,月薪不低于4000元。小叶勉强答应,决定留下来看看情况。

然而,就在小叶试用期即将结束的时候,老板突然以"不适合在本公司工作"为由,将小叶辞退,和小叶有同样命运的还有其他三个刚刚毕业的大学生。辞退小叶等人后,老板又重新招了五名大学毕业生,又如法炮制,临近试用期满时又悉数辞退,再招再辞,再辞再招,骗局连着骗局,至今已延续一年有余,尚未正式录用一名员工。

其实,小叶遭遇的情况,只是不法企业主利用试用期诈骗的冰山一角。试用期的骗局一般有以下几种形式:

(1)试用期期限过长

有些不法企业主为了降低用人成本,非法延长试用期。其实,试用期期限并非可长可短,根据《劳动合同法》第十九条规定:劳动合同期限三个月以上不满一年的，试用期不得超过一个月；劳动合同期限一年以上不满三年的，试用期不得超过两个月；三年以上固定期限和无固定期限的劳动合同，试用期不得超过六个月。同一用人单位与同一劳动者只能约定一次试用期。以完成一定工作任务为期限的劳动合同或者劳动合同期限不满三个月的，不得约定试用期。劳动合同仅约定试用期的，试用期不成立，该期限为劳动合同期限。

(2)试用期内无故辞退

有些企业会以各种理由告诉求职者试用期不合格，再以低廉的薪资继续招聘相同岗位，以降低成本。在本文中小叶遭遇的就是这种情况。防范这类骗局，求职者一定要在应聘前了解企业的情况，如果遭遇无故辞退，可要求用人单位人事部门拿出证明本人不符合录用条件的证据。

(3)试用期工资低于平均水平

有些企业会口头承诺求职者在试用期内工资虽然很低，但是一旦转正，工资待遇会很高，甚至是出奇地高。对于这类情况，求职者切勿听信，遇到试用期薪资和正式薪资差距过大的情况时，应提高警惕性，一般情况下，试用期的工资也不能低于当地最低工资标准。

(4)试用期内不签订合同

一些用人单位为了降低用工成本，故意拖延与劳动者签订劳动合同的时间，从而达到不为劳动者缴纳社会保险费的目的；还有一些用人单位告知求职者错误的概念，劳动合同须过试用期后才能签订，试用期间内是不缴纳社会保险费的。对于这类情况，首先应该明确的是，先试用再签劳动合同的做法是违法的。如果遭遇此类情况，可向当地劳动监察部门举报或向劳动仲裁提出申诉。提醒大家，在工作期间一定要有意识地收集相关证据资料，如工资单、工作证、考勤卡等。

知识链接

“试用陷阱”一般多发生在一些小型企业，就职前，大家要防止落入

试用期骗局陷阱,就必须做到以下几点:

(1)了解《劳动法》的相关知识

根据《劳动法》及其相关法规规定,试用期应包括在劳动合同期限之内,最长不得超过六个月。员工在试用期内享有报酬权,月薪不得低于当地最低工资标准。员工在试用期内出现工伤,同样享受国家规定的各种工伤保险待遇,因工伤丧失部分或全部劳动能力者,同样可以享受伤残补助待遇。

(2)及早识破"试用陷阱"

因求职者求职心切,往往给黑心老板可乘之机,所以,无论求职的心情是多么急切,都要保持清醒的头脑,对于那些有疑点的"公司",坚决要远离,无论他们的承诺多么好,只要是不按时发薪水,都要趁早远离,以免越陷越深。

(3)及时向有关部门举报

一旦发现自己的合法权益被"试用陷阱"侵害了,如不付报酬、薪金过低等,应向当地劳动保障部门和工会举报,请求帮助。

91. 做兼职会遇到哪些陷阱?

"坐在家里上网赚钱,日赚 100 元""兼职文字录入 130 元/万字"……这样的招聘信息让不少渴望兼职挣钱的人为之心动。可是,大家要知道,天下没有掉馅饼的好事,这多半是骗子行骗的伎俩。下面我们就来说一说兼职中暗藏的陷阱有哪些。

(1)收取保证金

骗子们常在招工广告上称有打印、公关、文秘等既轻松又容易赚钱的岗位,而且待遇优厚,但是求职者需要交一定的保证金或者其他一些费用,如体检费、建档费、服装费等,一旦求职者交纳这些费用后,招聘单位就会再三推托,最后,工作的事情不了了之,花的钱全部打了水漂。

(2)收取押金

有些用人单位在招聘时,会收取不同金额的抵押金或收取身份证、学生证作为抵押物。

(3)不兑现报酬

有些不法分子利用高薪为诱饵,骗取涉世未深的人为其工作,做完之后,却迟迟不给予报酬。

(4)骗取培训费

一些单位要求求职者在正式上岗之前,要先进行培训,同时要求学生自己掏腰包付培训费,但往往是培训进行后,以无工作为由推托,或者用人单位玩失踪。

(5)骗人入传销团伙

有些不法分子打着招聘销售人员的名义,诱骗求职者,然后公司让求职者交纳一定的提货款,再让求职者如法炮制去哄骗他人。这是典型的传销,然而,涉世不深的人往往被骗上当。

(6)骗色

有些娱乐场所以高薪来吸引求职者做兼职,工种有代客泊车、侍者、伴游,有的甚至是不正当交易。

知识链接

找份兼职并不是一件容易的事情,不小心就可能落入骗子预先设置好的骗局中,所以,大家应该提高警惕。

(1)有针对性地选择兼职

选择兼职不应该以赚钱为唯一目的,应该选择自己擅长的或者与专业相关的,从而有利于能力的提升。

(2)学会维护自己的合法权益

在找兼职时,如果用人单位提出交押金、收取保证金等之类的费用,一定要小心,另外,兼职工作也需要签订协议,以保护自己的合法权益。

(3)保证自身安全是第一位的

找兼职工作时,一定要选择正规的公司,面试时,不要一个人去比较偏僻的招聘公司,尤其是女孩子,最好结伴而行,即便是遇到危险情况,也能够有个照应,及时脱险。

92."星探公司"可信吗?

小周是个面容和身材都姣好的女孩子,一天,她独自逛街,遇到了一名20多岁的年轻男子,男子主动上前打招呼,夸赞小周漂亮气质好,问她想不想做平面广告的兼职模特。小周听后怦然心动,在详细询问了公司的地址后,留下了自己的联系方式。

不久后,男子约小周到模特公司进行首次试镜,来公司面试的女孩有很多,小周感觉很有压力,然而,在试镜之后的第二天,小周就接到了复试通知。对方提出要小周交纳1500元押金,用于拍摄时的化妆费和培训费。然而,在小周将钱如数交给那名自称经理的男子之后,却发现再也联系不上他了,去公司找他们,早已经人去楼空。

小周的遭遇是"星探公司"最为常见的骗人把戏,"星探公司"行骗,主要有以下招数:

(1)街头巧遇星探。星探会夸你漂亮,把你的未来勾画得非常美好,说到你心动后,就带你去他们的"公司"了解情况。

(2)骗子们会拿出各种证件、证书,并吹嘘“××广告的模特就是我们的签约模特”,骗取受害人的信任。

(3)签约后,骗子们就会以各种理由收取费用,比如培训费、服装费押金、化妆费等。

(4)发现被骗后,找上门去,早已人去楼空。即使有人在,骗子们也会拿出当初签订的合同,合同上的细则让你无可奈何,只能自认倒霉。

这些所谓的“星探公司”,通常会选择开办模特公司实施诈骗,行骗对象为18~20岁的青年人,抓住了青年人崇尚明星的心理和社会阅历少的弱点,再加上高利润回报的诱惑,致使受害人落入圈套。为了提高诈骗的成功率,骗子们往往会将办公地点设在繁华地段且办公环境优良的写字楼。同时,招聘讲师、经纪人、会计等专职工作人员,制造出办公设施豪华、人员配备齐全的假象,借以蒙骗受害者。

目前,除了瞄准年轻女性的“星探”骗局,有些假星探又开始把目标对准那些想让宝宝出名的年轻妈妈们。在此提醒大家,在逛街时切莫轻信陌生人,尤其是不要相信那些街头“星探”的花言巧语,受骗后则要记得及时报案。

知识链接

实际上,星探行业有严格的职业规范,并不是像大家看到的那样,在大街上就可以偶遇得到。下面我们就来说说如何识别“星探”骗局,具体说来,应从以下方面入手:

(1)查看星探的相关证件。与星探初次见面,首先要查看其所属公司所开出的星探证,接到星探的名片时,要看看名片上是否列出公司登记的名称、地址、电话、传真等基本资料,如果只有手机号码,多半是骗子。

(2)真正的星探一般只会留下公司的联系方式,而非星探本人的联系方式。一般正常发掘明星的程序是经纪人说明来意,简单介绍一下公司概况，然后留下名片让你考虑几天，有意向再联络。在路上拦着你，要求你马上跟着他去试镜、签约的，多数是骗局。正规的经纪公司的旗下艺人有一定的数量，不会急着与新人签约。

(3) 星探是不会有无礼要求的。真正的星探是不会与新人存在身体接触的，如对方提出这方面的要求，就可以肯定是骗局。

93. 如何防范高校招生骗局？

每年招生录取期间，一些不法分子打着种种幌子，进行以谋取钱财为目的的招生诈骗活动，一些考生和家长往往轻信许诺，上当受骗。在此提醒广大考生和家长提高防范意识，注意识别招生骗子的诈骗伎俩。

(1) 冒充高校人员行骗

骗子冒充某高校招生人员，携带某高校招生宣传资料，对考生和家长滔滔不绝地吹嘘，诱骗考生及家长，取得家长信任后又强调录取难度，并暗示自己可以帮忙，以诈骗家长的钱财。其实，录取工作全部实行异地远程网上录取，通过计算机网络传输信息，按志愿和分数由计算机来排序投档，人为因素是不可能影响录取结果的。

(2) 谎称内部有指标

骗子通常把自己装扮成某高校的招生负责人，或吹嘘自己与高校领导有特殊关系，伪造文件、印章，设立报名处和咨询电话，谎称手中有某些高校的“内部指标”，等家长付了钱后，送上一张假的通知书，卷款逃跑。其实，正规招生章程都是经省教育厅审查，并在教育部备案，说自己手中有招生计划和名额的人都是不可信的。

(3)以“自主招生”为幌子

骗子利用高校自主招生政策,误导考生、家长,声称自主招生就是不要分数线,花钱就可以上学。实际上,只有高中推荐出来的优秀学生才有资格参加院校考试,合格后院校张榜公示,并且一定要参加高考,达到规定分数线。

(4)以“定向招生”为名

骗子利用国家定向招生政策,声称可以弄到某大学定向招生计划名额,收取费用,骗取钱财。而事实上,定向招生是经教育部批准的高校才允许进行的,除少数部委属高校面向特殊行业的定向就业招生计划外,高校是不能随意安排的。

(5)利用“预科生”诈骗

国家规定不允许超计划、无计划招生,对“预科生”的招录有着严格的规定,且“预科生”仍需经过考试才能进入高校本科或专科学习。不法分子以招“预科生”为名义行骗,学生进校后不能办理录取手续,不能取得学籍。我国高校招生录取有着严格的规定,除了省级招办,没有其他任何机构或个人可以办理高校招生录取手续。

(6)利用补招诈骗

每年招生期间,每批次投档后,不少学校向考生追加部分招生计划,追加计划是按照考生志愿和成绩顺序投档的,一部分低于已公布的投档线的考生会按计划差额数量补投出档。骗子利用这一信息,将本属于正常投档和录取的考生,说成是自己通过关系办成的,借机向家长收取钱财。

(7)以“低分高录”哄骗

骗子自称是招生院校或省招办某领导的熟人、亲戚,称自己有办法让不够第一批本科线的考生录取到第一批本科院校,只有专科分数线的录取到本科专业,骗取考生家长大量钱财。实际上,除了国家和省规定的照顾政策,没有人能在高校招生中享有特权。录取的批次线下考生都是符合国家和省里规定的照顾政策。

(8)伪造录取通知书诈骗

骗子冒充高校招生人员,向考生寄送伪造的录取通知书,让考生将学费打入指定的银行账号,以骗取钱财。

知识链接

防范高考招生骗局,首先,不能轻信非正常的招生行为,不要相信中介机构、教育咨询公司打着“自主招生”“联合办学”等名义进行的招生活动。其次,考生家长要通过正规渠道咨询招生信息,收到通知书如有疑问,应详细询问学校招办部门,应以教育主管部门提供的联系方式进行认证。再次,各类院校发放录取通知书都是通过邮政部门邮寄的形式发给考生,绝对不会由个人和中介转交。

94.留学中介有哪些黑幕?

随着留学日益大众化,留学信息和服务的获得渠道也日益多元化,但目前市场上获得留学资质的中介机构并不多,更多的是五花八门的营销噱头和留学骗局。以下就是留学市场常见的骗局:

(1)“免费中介服务”骗局

这类从事留学中介服务的网站往往没有留学中介服务资质,不能在平面媒体上刊登广告,便在各种搜索引擎类网站或知名网站上发布链接广告,号称提供免费中介服务,实际上是变相收费,往往会使受害人缴纳的费用累计在一起比正规机构收的还多,服务质量却得不到保障。建议大家选择正规的中介公司出国,如果在出国后学校出了问题,可以找中介公司理赔。

(2)先抛出低价诱饵,再巧立名目乱收费

为了赢得客户,一些中介机构往往打出价格优惠的招牌,然后在业务办理过程中巧立名目,额外追加一些费用。比如登记费、学校申请费、邮寄费、境外服务费等。建议大家在办理业务前一定要把收费细则问清楚,并签订书面合同,如果需要额外收费,应向中介索要正式收据、发票等。

(3)野鸡学校变名校

非法中介常会对学校过度包装,包装方式主要有三种:一是把国外的二三流学校称为"国际性大学";二是把野鸡学校统称为大学;三是标榜院校获得了某国际认证。针对这种情况,大家一定要有明辨是非的能力,不能只听中介的一面之词,一定要通过教育部教育涉外监管信息网和中国留学网进行查询,或者登录所申请院校的网站,核实院校的资质。

(4)声称无须考试进名校

针对部分留学条件不够的学生,中介会误导称只要上了所谓"预科班",不再需要考试就可以轻松进大学,或者谎称只要在当地一些培训机构学习满两年,取得证书后就"有机会"进入优秀高等学府。还有些中介机构会偷换概念,打着国外优秀院校的幌子,实际上是为语言培训或是技术培训机构输送生源,谎称在这些培训机构取得证书后就"有机会"进入那些优秀高等学府深造。所以,大家在留学前一定要充分了解学校的办学资质,从未听说过的学校,在选择时一定要慎重,要查看这些中介机构与国外学校有无授权代理协议书,协议有没有加盖该中介机构的合同章、授权范围和有效期。

(5)打着"中外合作办学"的旗帜骗人

有些机构虽然打着"中外合作办学"的旗帜,实际上从事的也是没有经过资质认证的中介活动。现在有些高校和机构都在办国外大学的预科班,但很多预科班实际上就是培训班性质,国外学校根本不会派老师过来，而且很多来国内办预科班的国外学校都不是什么好学校。

(6)中介机构诱导学生造假

有些非法中介机构利用中国家长的名校情结，诱导资质不够或条件不达标的学生造假，甚至明目张胆地帮学生编造假材料，花钱雇枪手代考等，并把这一系列造假行为标注为“家长自愿，与中介无关”，一旦出现问题，中介机构就会推卸责任。

(7)合同陷阱

虽然我国有规定留学中介在签订业务的时候要使用统一合同，但是不少中介会利用人们对申请过程和相关法律不熟悉的弱点，不使用标准化格式合同范本，而是设置不公平格式合同条款。不公平的合同条款主要表现在以下方面：

①让申请留学人员按中介机构的要求提供材料，然后又将“材料中如有情况不属实，后果自负”的条款写进协议，如果被拒签，中介费也无法退还。

②在合同中规定只负责申请国外大学的录取通知书，申请人如未获得签证，则概不退款，并以支付押金、提前交学费、预付生活费等借口收取费用。

知识链接

自费出国留学人员在进行出国申请时，选择中介服务机构应该慎重，具体说来，应注意以下几个问题：

(1)看清资质

合法的中介机构应在办公场所显著位置悬挂工商部门颁发的注有“留学中介服务”字样的有效营业执照，以及教育部核发的“自费出国留学中介服务机构资格认定书”，二者缺一不可。

(2)查看中介机构的海外关系

中介机构要有直接与国外高等学校或其他教育机构签署的合作协

议及国外教育机构授权中介机构在华招收学生的授权书，国外签约方的资信证明要经过我国驻外使（领）馆的认证文件。申请人还可以通过互联网了解外国学校背景、师资、学科等方面情况，或者发电子邮件咨询。

(3)了解中介收费是否合理

正规的中介机构一般不一次性收费，而是根据程序，分阶段收费，且都有办理不成功退还费用的承诺。一些非法留学中介机构收取的费用往往较高，且无退还费用之承诺。

(4)了解中介机构的真实情况

不少中介的广告宣传都存在一定程度的夸大宣传，学生在签订合同之前，一定要了解中介机构的真实情况，落实中介所做的承诺，千万不可急于签订合同。

(5)迷信校方代表做法不可取

目前，一些留学申请者迷信校方代表，中介机构为了迎合申请者的心理，每次招生说明会都会邀请“校方代表”，实际上很多校方代表并不是真的。

95.如何防范追星骗局？

学生小琪是一名追星少女，她喜欢一个韩国的男子组合。一天小琪通过朋友认识了一个在网上出售演唱会门票的微信网友，该网友称有这个男子组合演唱会的内部门票售卖，并且向小琪承诺——只要小琪帮他卖出10张门票，就免费送她一张VIP门票。

面对突如其来的幸福，作为铁粉的小琪当即答应了网友的邀请，并在与朋友建立的粉丝群里发布消息称自己可以低价买到演唱会门票。

听到这一喜讯,群里的粉丝瞬间炸了锅,纷纷向小琪下单,不一会儿就卖出了32张门票。怀揣着激动的心情与粉丝的信任,小琪将卖门票所得的6.5万余元通过微信转账的方式转给了这名网友。收到票款后该网友承诺会在演唱会前一天出票,但令小琪和朋友没想到的是,到了约定的时间对方一直没有出票,并失去联系,此时小琪才发觉自己上当受骗,遂向警方求助。

追星骗局之所以能够成功,最主要的原因是骗子把握住了受骗者崇拜偶像的心理。粉丝们为了追星可以说是相当狂热,只要是与偶像有关的任何产品,他们都会不停地购买以示支持,因此当骗子以各种借口来让粉丝为偶像买单时,粉丝也会毫不犹豫地支付。

这类骗局没有什么高超的技术,骗子只要花言巧语让粉丝相信自己可以帮助他们买到偶像演唱会门票、买到偶像新的周边产品、与偶像近距离接触时,受骗者便会对骗子深信不疑。

知识链接

在网上购买演唱会门票或购买其他产品时务必做好以下几点:

(1)购买演唱会门票,务必选择正规票务平台。

(2)如果进行二手票务类交易或其他产品交易,请选择要求实名认证并依托第三方支付平台的交易网站,或者同城线下进行交易。

(3)无论作为买家还是卖家,都应尽量选择历史交易记录、评价良好的交易对象。对于不熟或者从未打过交道的交易对象,即便对方低价出售都不要轻易相信。

(4)交易时,尽可能依托专业平台进行支付,切勿直接转账到对方提供的账号,更不要扫描对方提供的二维码支付。

(5)如果发现被骗,应立即保存相关聊天截图、支付记录,并及时报警。

96. 免费的上门服务能信吗？

一天中午，郑某一人在家中午休，忽然被一阵敲门声吵醒。郑某开门一看，发现是一名陌生男子，对方自称是小区物业的工作人员，主要是为住户安装报警器。“物业人员”告诉郑某，最近小区有多家住户反映家里被盗，他们为了住户的安全，选择为每家每户都安装一个报警器。

原本有点将信将疑的郑某听到“物业人员”的介绍，立即热情地将对方请进家中，让对方给自家安装报警器。“物业人员”一边安装一边与郑某闲聊，他告诉郑某楼上好多住户都安装了，只有个别家中没人就没安装，预计下次还要再跑一趟。边说着边向郑某展示了报警器，是两个白色的小盒子，一个装在大门上，一个装在门框上，开启开关后，只要打开门，装置就会发出刺耳的报警声。“物业人员”叮嘱，有人在家时不用开，出门后就开启开关，一旦有陌生人开门就会发出报警。

郑某见报警器确实很实用，连连点头，还向“物业人员”确认报警器的使用方法。安装完毕后，该男子向郑某收取3年售后服务费180块钱，郑某毫不犹豫地便给了。随后，“物业人员”开了一个收据便匆匆离开。男子走后，郑某想了想，还是决定找物业人员确认一下这件事，于是立即拨打了小区物业的电话。物业工作人员表示，他们没有安排任何人员安装报警器，郑某很可能遇到骗子了。

“免费安装报警器”是一种“老掉牙”的骗局。骗子主要是冒充小区物业人员，以物业有新通知为由上门提供一些服务，然后骗取费用。除此之外，一些骗子还会冒充燃气公司、水电公司的工作人员，声称“免费安装门窗报警器”“燃气报警器”“免费安装净水器”，或是上门提供灭蟑螂服务，然后兜售蟑螂药等，最后却以各种理由，收取相关费用。

这类骗局成功的原因有两点：一是居民对于物业或燃气公司、水电公司等人员非常信任；二是骗子抓住了一些居民的生活需求，例如家里水质确实不好、担心燃气容易泄露等问题。因此针对这类需求，居民即便有所怀疑也会本着保险的原则同意对方的推销和服务。

对此，大家一定要注意，对于一些上门的免费推销和服务要学会甄别，不要想着不会吃亏就贸然同意，很可能最后被忽悠得缴纳一定费用。

知识链接

针对这种免费上门服务的骗局，大家可以从以下几点来防范：

(1)掌握一些家居常识

例如地板的保修期限、净水器需不需要安装、消防警报器安装条件是什么等，了解这些知识后，便不会轻易上当受骗。

(2)不要轻易给人开门，注意核实情况

遇到各种自称是物业、居委会、燃气公司的，开门之前先打电话核实一下，或要对方出示相关证明。

(3)遇到骗局立即报警

一般物业或居委会、消防、燃气公司等工作人员上门时，会持有相关的证件，身穿相应的制服，且不会单独一人出现，如遇非上述情况，大家一定要报警处理。

97. 如何防范商品以旧换新骗局？

一天，小冯和奶奶一起在小区遛弯，忽然看到一群人在中心花园的喷泉处摆摊，摊位后拉了一条大大的横幅，上面写着“以旧换新特享优惠活动”。小冯和奶奶好奇地上前看了看，发现是某公司正开展燃气灶“以旧换新”的活动，可凭家里的旧燃气灶来换一套新的燃气灶，然后补上一定差价。

小冯家的燃气灶正好用旧了，小冯的奶奶看到摊位上摆放的豪华燃气炉具，有点心动，于是上前和对方攀谈询问价钱，最后按照“折扣价”购买了一套价值1235元的豪华燃气炉具，其中旧燃气灶补差价500元，其余的735元需垫付。小冯和奶奶都觉得很高兴，没想到一套下来这么划算。交完钱后，工作人员立即就帮小冯家换上了新的燃气灶。

可让小冯和奶奶没想到的是，外观精美的炉具使用不到一个月，就出现了难以点火、频繁熄火的问题，还险些引发煤气泄漏事故。于是，小冯奶奶拨打了销售商的联系方式，但每次拨打电话都是“已欠费停机”。由于不知道销售商的经营地点，小冯奶奶带着仅有的一张公章模糊不清的收款单据到工商部门寻求帮助。经过仔细调查，市场上根本没有该炉具这个品牌，也没有销售的地点，小冯奶奶完全是被骗了。

一些推销人员常在小区内设摊，宣传为回赠消费者，产品(厨具、家电等)可以补差价“以旧换新”，但实际上换回来的是一些劣质产品，既无生产厂家，也没有合格证，更没保修服务。这种“以旧换新”的骗局套路常常能蒙到很多人。这些骗子常伪装成某大企业的推销人员，不仅穿着醒目的标志服，还挂胸卡，拿名片，煞有介事，声称“产品三包”、包退包换，提供热线服务。如果有人不相信打电话核实，当时真的会有人接听应答，但当推销人员离开后再打，会发现电话根本就打不通了。表面上是以旧换新，实质就是用假冒伪劣产品来充数。很多受骗者在购买产品后不久就会发现严重的质量问题，而销售商的售后却根本联系不上，就这样掉入以旧换新的消费陷阱。

知识链接

对于住宅小区内的现场促销活动，有时不能光靠物业来帮你辨别，物业也不能完全确保其是真的。识别“家门口”的消费陷阱,更多还是要靠消费者提高警惕意识。因此,防范此类小区兜售的假冒伪劣商品,大家必须炼就火眼金睛。

(1)识别“陷阱”别光指望物业

小区内设摊的不一定是真的,物业也不一定核实过,即便有的物业保留了促销者的登记信息,也因为担心“引火烧身”,而选择明哲保身。因此,我们在购物时,首先要通过各种方式核实对方身份真伪,如不能确定时,不要立即购买,可以先观望。

(2)提高防范意识

大家应当谨慎购买小区内推销的产品。在实际购买时,必须把握以下几点:

①核实推销人员身份的真实性,并对提供商品或服务的厂家或商家的真实性进行核实,如有疑问,要慎购。

②价格明显比市面低的产品慎购。

③仔细查看商品的外包装,“三无”产品慎购。

④如购买商品,务必索要正规发票,无发票慎购。

⑤部分应提供售后服务的商品,要推销员提供保修点,并当场致电核实;如果没有,要慎购。

98.如何防范缴费通知单骗局?

一天,小月放学回家后,发现自家门上贴了一张水费催缴通知单,这张通知单是用一张A4纸打印的,通知单上写着“尊敬的用户您好:截止到××年××月××日您账户已欠缴金额217元,请于5日内携带此单到水务局或支付宝快捷扫码支付缴纳所欠费用，逾期不交将根据相关条例按水费额度每日加收滞纳金，情节严重的我公司将依法对您停止服务。”上面除了印有带着“中国水利”四个字的二维码外，通知单上还煞有介事地附上了营业区域管理员的姓名和工号编码。

小月看到这张水费通知单，顺手就拿回家了，并告诉了家人需要交水费。小月的母亲正忙着，于是便让小月扫码支付。小月用妈妈的手机扫了下二维码，随后便弹出了一个支付的页面，小月便在这个支付的页面交了217元的水费。

小月母亲忙完，看了看小月拿回的这张水费通知单，觉得很奇怪，怎么这个月的水费这么多？而且自己已经绑定了水务公司的微信，可以直接在上面缴费，怎么还会发通知？她又拿起手机查看，发现自己交的那笔水费在微信上显示的收款方并不是水务局。小月母亲意识到问题，立即拨打了水务局的电话。水务局的工作人员表示，他们并没有在该小区张贴过类似的通知单，而且水费逾期不交就会收取滞纳金的情况也是假的，“如果用户欠费，根据规定，不会收取任何滞纳金。每一个用户都有编码，用户只需要按照编码显示的情况缴纳水费即可。”

随着网络的迅速发展，扫码支付电费和水费已经是再平常不过的事情了。但大家可千万不能因此而大意，因为这些张贴在你家门前的电费或水费通知单不一定是真的，一个不留神就容易陷入骗局。

在小区内张贴水费、电费通知单是骗子玩的新花样。骗子为了使这张通知单更逼真，会在通知单上加盖仿冒的公章，贴在住户的门口，如果不仔细查看，很容易上当受骗。此类骗局一般会在通知单上放上二维码，扫描二维码便直接跳转到支付页面，而真的费用通知单则会先跳转到官方页面，例如官方微信服务号，然后再输入自家的用户编码才能实现交费。除此之外，骗子还会在小区内伪装电费代收点，利用电费打折、返利活动,并使用POS机收取客户电费等骗术。

知识链接

这种在家门口张贴水费或电费通知单的诈骗手段的确很容易迷惑人,住户们往往收到通知单后便直接扫描上面的二维码进行交费了,根本不会查看有什么不对。那么,我们该如何防范这种费用通知骗局呢?

(1)核查通知单真假

由于各地供电和水务局的通知单存在细微差异,大家一定要注意仔细核查。一般通知单上会有用户编码、地址、欠费年月、金额等信息,是打印出来的,不是手写的字体,底部则加盖公司的公章。

(2)发现异常提高警惕

居民用户在接到缴费通知单后,可通过一些自来水费代收点、支付宝和微信的生活缴费等渠道缴纳水费。注意,各代收水费渠道中,收款单位均为自来水集团或集团所属郊区自来水公司,不会出现未授权的任何个人账户代收水费。如果发现有任何不对劲的地方,一定要提高警惕。

(3)不扫来历不明的二维码

扫码缴水费是骗子惯用手法,其实,要识破这些骗局十分简单,大家只要细心阅读就会发现。假通知单通常信息缺失,语言组织混乱,有的甚至连单位名称都出现错误,只要拨打有关部门的服务电话咨询一下,骗局便会不攻自破。

99. 小区内物品转让可信吗?

小北某日在单元楼电梯口旁看到一条个人转让公告:"本人因工作调动,有一台品牌台式电脑转让,CPU:酷睿 i7,硬盘:2T,内存:16G,显示器:24 英寸,九成新,票据齐全,诚心者致电王小姐:1592379××××。"小北看到这条转让信息,顿时有点心动。他正好想换一个新的电脑,但手头没什么钱,这个转让的电脑配置还可以,如果能低价买下来就再好不过了。

抱着这样的想法,小北联系了王小姐。王小姐说:"这个电脑是一年前买的,当时商店卖6000 多元,我现在有事急着搬家不方便带走,如果你想要的话,我只卖 2200 元给你。"小北想了想,觉得这个价钱自己可以接受,于是便与王小姐约定好在小区的凉亭内见面交易。

一天后,小北和王小姐在小区碰面了。小北打开王小姐带来的电脑,用电脑安装的"鲁大师"软件检验发现的确是高配置,再看还有当时购买电脑的票据,于是便当场给王小姐支付了钱,将电脑带回了家。然而,等小北重装了系统之后竟发现电脑开不了机。小北立即联系了王小姐,却发现对方的电话根本打不通。小北带着电脑去电脑维修店里咨询,店主告诉他,这台电脑根本不是高配置,小北完全是被人骗了。

小区物品转让骗局之所以成功,就在于骗子盯准了人们捡漏的心理,同时骗子以邻居自称也能打消不少人的疑虑。在上述案例中,骗子一般懂得一些电脑技术,能够伪造出一种高配置的假象。首先,骗子以超低价格专门收购的特定品牌固定型号的笔记本电脑。然后,再将外部包装翻新,贴上新的商标,再压好膜,使报废电脑看起来像全新的一样。最后,利用配置检测软件将电脑配置显示提高,这样一来,一台"全新高配”电脑就形成了。

受害者在检查电脑时，往往会发现电脑桌面非常干净，除了电脑系统自带软件，只会留下一个“鲁大师”。而这个软件则事先被骗子做了手脚，等你检查时骗子会强调你用“鲁大师”来查看数据，如果有人提出用自己 U 盘的软件来检查，他们都会以 U 盘不安全为由严厉拒绝。

知识链接

除了转让闲置电脑，小区内还会转让山地车、衣柜、沙发等物品，对于这种物品转让的广告，大家一定要擦亮眼睛，不要让骗子以次充好。

(1)不要相信小区低价转让的小广告，尤其要对明显低于市场价格的电子产品保持警惕，天上没有掉馅饼的好事，不要抱着能捡漏的心理去购买这种二手产品。

(2)接收转让物品时注意仔细检查。如果真的想买这种转让物品，在交易前一定要注意检查。如果是电子产品，可以找内行的朋友或同学来帮你把关，千万不要一时冲动便先打款。

(3)在正规商城上购买产品。二手物品虽然能帮我们节省不少钱，但其中也存在不少的猫腻。对于不懂行的人来说，能够识破二手物品的漏洞确实不那么容易，因此我们在购买产品时为了保证不上当受骗，最好还是在正规商城购买产品。

100. 货币兑换有哪些套路?

今年暑假，小杨和父母一起越南旅游，由于事先估计不足，他们兑换的越南盾马上就消费完了。小杨的父母打量了一下四周，发现附近没有银行，而他们身上剩余的现金只够维持一天的消费，于是便决定找当地人兑换。

他们观察了一会儿，最终决定找路边商店的老板来兑换。正好旁边有一个卖水果的老板，小杨的父亲上前询问对方是否可以兑换货币，胖胖的老板娘立即笑着应允。她从腰包中掏出一沓越南盾，与小杨的父亲兑换了2000元人民币。小杨的父亲问为什么换得越南盾比银行里少，胖胖的老板娘立即摆出一副我听不懂的样子，由于人生地不熟，小杨的父亲也没有与对方多做纠缠便离开了。

等回到休息的酒店，小杨一家人与导游闲聊时提到此事，对方立即说："你们这是被坑了。你们今天出去玩的时候没发现好多摊贩手边都摆放着大量现金吗？这些人民币都是当地人自己的，他们这样做是为了方便中国游客来兑换人民币，但是他们会从中赚取不少差价。"

导游还告诉小杨他们，这些商贩从中赚取的利润非常可观，有些人甚至拿这个当做自己的全职工作。之所以这个"行业"能够这么火热也与越南的银行有着非常大的关系，因为在越南的银行中兑换钱是非常麻烦的事情，很多银行卡都被限制不能使用，并且还有许多工序，所以人们就喜欢在地摊上兑换钱，虽然可能会被坑。

我们在旅游时常常需要兑换外币，但如何保证自己不被骗则需要我们提高警惕，事先做好各项准备。例如提前在银行兑换好当地货币，也可以与导游兑换。如果一定要与当地人兑换，被骗的概率是相当高的，当地的骗子就是看准你在人生地不熟的国外不得不兑换货币。与当地人兑换货币不仅要提防可兑换的货币数额减少，还要注意对方兑换给你的钱币是真的还是假的。

以上这些都是我们有需求时主动找对方兑换货币，除此之外，我们还会遇到骗子做局主动找我们兑换货币的情况，主要有以下几种：

（1）骗子会先选定实施诈骗的客车，一人开车尾随其后，另几个人分批上客车，然后其中一人假扮外地语言不通的人求换货币。其他团伙则在边上当托儿帮助对方取得受害者的信任，进而实施诈骗。

(2)骗子扮成外贸商人，吹嘘自己兑换外币有门道，以让当事人做中间人，给予好处费为名，骗取当事人信任后再骗钱。

(3)骗子假装能以高汇率兑换外币。当受害人将外币带到约定地点见到对方两人后，一人要求检验外币真伪，托儿则上前假装老客户来换取。而另一人趁受害人不备，利用早已准备好的同样外观、同样厚度的小额现金将受害人外币窃走。

知识链接

防范旅游兑换货币的骗局，应该从源头做起，提前兑换好当地的货币，可以从以下几点入手：

(1)兑换第一原则是能在国内的银行兑换外币的尽量兑换，这样汇率是最划算的。目前国内四大银行——中国银行、农业银行、工商银行、建设银行都可以兑换外币。

(2)兑换时间为提前一两周兑换最合适。一定不要提前一到两天才去兑换，因为很多银行都需要提前去预约的。兑换外币的汇率根据涨跌形式来选择兑换时间。所以不要提前很长时间，也不要太短时间进行兑换，出行前一两周为最佳合适时间。

(3)美金可以作为小币种的中转货币。如果去东南亚一些小国家旅游，有些小币种是无法在国内兑换的，可以将人民币兑换成美金，再去当地用美金换成当地币种。在国内兑换美金，比在国外兑换的利率上更加优惠。

(4)刷卡消费能减少手续费。在兑换之前，一定要问清楚是否有手续费。如果有，可以选择刷卡消费。有些银行在境外刷卡或者取款都是免手续费的。

(5)私人兑换货币须谨慎。如不是特殊须求尽量不要与当地人兑换货币，同时有其他人以各种名义想要与你兑换货币时，注意拒绝。

参考文献

[1]谢爱萍,廖继平,李楠. 电信互联网防骗手册[M]. 北京:北京邮电大学出版社,2017.

[2]杨文忠. 防骗自助 100 招[M]. 南宁:广西人民出版社,2013.

[3]姜明星. 中老年防骗手册[M]. 北京:金盾出版社,2012.

[4]慕容慧峰. 防骗宝典[M]. 北京:中国纺织出版社,2015.

[5]丁庭柱. 居民安全防范全攻略之防骗篇[M]. 北京:中国人民公安大学出版社,2014.

[6]黄雨. 反骗防骗的诀窍[M]. 北京:华文出版社,2016.

[7]深圳的森林. 再不上当:求职防骗指南[M]. 北京:中国时代经济出版社,2015.

[8]齐培礼. 识假防骗. 怎样鉴别假冒伪劣商品[M]. 北京:海潮出版社,2017.

[9]杨利强. 现代生活防骗指南[M]. 广州:广东教育出版社,2018.

[10]潘央央,励业,马莉卿. 普及防骗知识,提高避险能力[J]. 商,2015(5):90 -91.

[11]林凤. 浅谈汽车保险诈骗及防骗策略[J]. 内蒙古科技与经济,2012(13):57 -57.

[12]贺德. 老年人理财防骗应放首位[J]. 农家参谋,2016(019):63.